MA POUPÉE EN FEUTRINE

MA POUPÉE EN FEUTRINE

SHELLY DOWN

MODÈLES FACILES
À COUDRE, ADORABLES
& ORIGINAUX

les éditions de saxe

SOMMAIRE

Introduction

Quand j'ai commencé à confectionner des poupées, il y a quelques années, je n'avais pas vraiment d'expérience en couture. Ma grand-mère m'avait bien appris quelques points de broderie quand j'étais petite, mais à l'époque je pensais que les travaux d'aiguilles étaient réservés aux vieilles dames qui passaient leur temps à démêler des fils en buvant du thé ! Comme j'avais tort…

Malgré des talents de couturière très limités, j'ai constaté que mon travail s'améliorait de manière spectaculaire avec la pratique. Désormais, créer un objet de mes mains me semble non seulement amusant, mais aussi très gratifiant. Quand une poupée est finie, je me demande souvent combien de petits points j'ai faits pour la confectionner. Chacun des petits points que je couds à la main est fait avec amour et je suis toujours émerveillée à l'idée d'avoir créé une poupée du début à la fin !

Mes modèles s'inspirent souvent d'anciens livres pour enfants, de contes de fées et du style kawaii japonais. Une fois trouvée l'idée d'un jouet, je le dessine sur un carnet, puis je détaille chacun de ses éléments pour créer ses gabarits, que je trace sur du papier quadrillé. En règle générale, je refais plusieurs fois chaque gabarit avant d'être satisfaite du résultat, mais ce travail en vaut largement la peine une fois toutes les pièces assemblées !

Je tiens à ce que les explications de mes modèles soient simples et faciles à suivre, pour que même les débutantes puissent les suivre et obtenir d'excellents résultats. Il est si agréable de fabriquer quelque chose de ses mains, en particulier quand c'est amusant et facile à faire. J'espère inspirer le plus de personnes possible à sortir leurs ciseaux et leurs épingles de leurs placards et à se lancer dans la couture.

MODE D'EMPLOI DU LIVRE

Le premier modèle expliqué dans ce livre montre comment coudre à la main une adorable petite poupée en feutrine (voir Confectionner la poupée de base). Le modèle de cette poupée est le même pour tous les personnages qui suivent, à l'exception parfois des traits du visage et de la chevelure. Il est suivi de onze variantes aux tenues thématiques, dont une écolière, une princesse ou encore une baigneuse. Chaque modèle est expliqué à l'aide d'illustrations, de gabarits et d'instructions simples et faciles à suivre, afin que même les néophytes en couture aient du plaisir à le réaliser.

Les poupées et leurs tenues sont faites avec différents types de feutrines, en pure laine, en laine mélangée et/ou synthétique (voir La feutrine). Toutes les coutures sont faites à la main avec du fil à broder mouliné, à l'aide des points présentés dans le Guide des points (voir page 120). Il n'est pas nécessaire d'ajouter de marge de couture, ni, généralement, de retourner les pièces, car la plupart sont cousues sur l'endroit. Les poupées finies mesurent environ 25 cm, une taille idéale pour qu'un enfant les glisse dans ses poches et les emmène avec lui lors de ses aventures !

LA FEUTRINE

LA FEUTRINE EST UNE ÉTOFFE ÉTONNANTE ! ELLE EST FACILE À TRAVAILLER ET CONTRAIREMENT À LA PLUPART DES TISSUS, SES BORDS NE S'EFFILOCHENT PAS. TRADITIONNELLEMENT, ELLE EST FABRIQUÉE EN ENCHEVÊTRANT DES FIBRES DE LAINE POUR CRÉER UNE ÉTOFFE POLYVALENTE, PARFAITE POUR CONFECTIONNER DES POUPÉES. ELLE PEUT AUSSI ÊTRE COMPOSÉE D'UN MÉLANGE DE LAINE ET D'AUTRES MATÉRIAUX OU ENTIÈREMENT SYNTHÉTIQUE.

LES FEUTRINES LES PLUS RECOMMANDÉES POUR FAIRE LE CORPS DES POUPÉES SONT LES FEUTRINES DE QUALITÉ SUPÉRIEURE EN PURE LAINE OU EN LAINE MÉLANGÉE, QUI SONT PLUS SOLIDES ET RÉSISTENT MIEUX AUX MANIPULATIONS QUE LEURS ÉQUIVALENTES SYNTHÉTIQUES. LES INFORMATIONS QUI SUIVENT VOUS AIDERONT À VOUS FAMILIARISER AVEC LES DIFFÉRENTS TYPES DE FEUTRINES DISPONIBLES DANS LE COMMERCE.

FEUTRINE PURE LAINE

La feutrine 100 % laine est généralement faite avec les poils les plus proches de la peau des moutons. Elle est très douce et permet d'obtenir des coupes nettes et de belles coutures. Beaucoup plus résistante et dense que les autres types de feutrines, elle risque également moins de pelucher, de se déchirer près des coutures ou de se déformer. Naturellement ignifuge et imperméable, elle ne s'effiloche pas et existe dans de nombreuses couleurs vives.

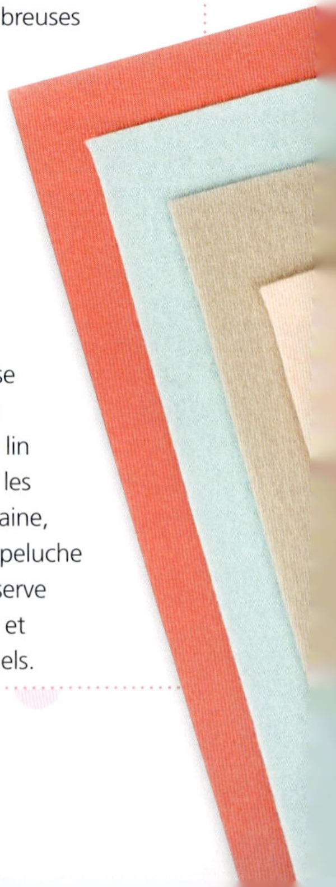

FEUTRINE EN LAINE MÉLANGÉE

La plupart des feutrines en laine mélangée sont composées de laine et de rayonne, fibre synthétique produite à base de cellulose issue principalement de pulpe de bois, dont les caractéristiques très proches de celles du lin et du coton font un matériau de choix pour les mélanges textiles. Comme la feutrine pure laine, ce type de feutrine est doux et résistant, ne peluche pas et est facile à couper et à coudre. Il conserve également bien sa forme, ne s'effiloche pas et convient à différents types de travaux manuels.

LAINAGE

Ce tissu est sans doute mon préféré ! Il est composé de fibres 100 % laine, tissées pour créer une étoffe qui est ensuite feutrée à haute pression à l'aide de vapeur. Ce type de feutre a un tissage fin, à l'aspect et au toucher très doux et existe en différentes couleurs, unies ou à motifs.

FEUTRINE ACRYLIQUE ET RECYCLÉE

Bon marché, la feutrine acrylique existe dans de nombreux coloris et se vend sous forme de feuilles dans la plupart des magasins de fournitures pour loisirs créatifs. La feutrine recyclée est fabriquée de la même façon, mais est faite à partir de bouteilles recyclées. Leur coût modique et la facilité à les trouver en font des choix parfaits pour s'entraîner à la couture ou aux travaux manuels.

FEUTRINES IMPRIMÉES

Les feutrines imprimées rencontrent un succès croissant et offrent des motifs variés. Généralement en fibres synthétiques, comme le polyester, ce type de feutrine est dense et solide, ce qui le rend parfait pour embellir un ouvrage.

AUTRES FOURNITURES INDISPENSABLES

CE CHAPITRE REGROUPE LA LISTE DES FOURNITURES DE BASE NÉCESSAIRES POUR CONFECTIONNER LES POUPÉES PRÉSENTÉES DANS CE LIVRE. VOUS AUREZ BESOIN DE CISEAUX, D'ÉPINGLES ET D'AIGUILLES, DE FEUTRINE, DE FIL À BRODER MOULINÉ, D'UN MARQUEUR EFFAÇABLE À L'AIR, D'UNE RÈGLE ET DE OUATE. CES OUTILS ET MATÉRIAUX, VENDUS DANS LES MERCERIES ET LES BOUTIQUES DE TISSUS OU DE FOURNITURES POUR LOISIRS CRÉATIFS, VOUS PERMETTRONT DE CONSTITUER UNE BOÎTE À COUTURE DE BASE QUE VOUS POURREZ ENRICHIR AU FUR ET À MESURE DE VOTRE APPRENTISSAGE. LES ARTICLES SUPPLÉMENTAIRES NÉCESSAIRES POUR CHAQUE MODÈLE SONT INDIQUÉS DANS LA LISTE DES FOURNITURES DE CHAQUE EXPLICATION (À LIRE AVANT DE COUPER LA FEUTRINE).

LAINE (1)

Les poupées ci-après ont des cheveux en laine, et l'une des étapes les plus compliquées de leur confection consiste à choisir la laine qui leur conviendra le mieux, parmi les nombreuses marques disponibles dans le commerce ! Toutes les laines peuvent servir à faire des cheveux. Soyez créative et amusez-vous avec la texture et la couleur du fil ! Vous trouverez ci-dessous quelques exemples de fils utilisés dans ce livre.

Mohair Le mohair est fabriqué avec des poils de chèvre angora et fait partie des fils à tricoter connus depuis très longtemps. Doux et soyeux, il est très agréable à manipuler et existe en différentes variétés, dont les mohairs brossés ou bouclés.

Laine islandaise Fabriquée à partir de la toison de moutons islandais, la laine islandaise est une laine mèche ondulée, parfaite pour les cheveux des poupées (ma préférée pour cet usage est la laine Lett-Lopi de chez Istex).

Fils en laine mélangée On trouve dans le commerce de nombreux fils composés de laine et d'autres fibres, naturelles ou synthétiques.

FIL À BRODER MOULINÉ (2)

Les fils à broder sont disponibles dans toutes les couleurs, dans les merceries et la plupart des magasins de fournitures pour loisirs créatifs. Mon préféré est le coton mouliné DMC, fil doux composé à 100 % de coton égyptien, qui doit son aspect brillant à un double mercerisage et peut s'employer avec tous les tissus.

Chaque échevette de fil mouliné est composée de six brins facilement séparables, qui permettent de former un fil plus ou moins épais en fonction de l'épaisseur des points souhaitée. Dans ce livre, les coutures et la broderie des visages sont faites en utilisant un seul brin de fil à broder.

1

2

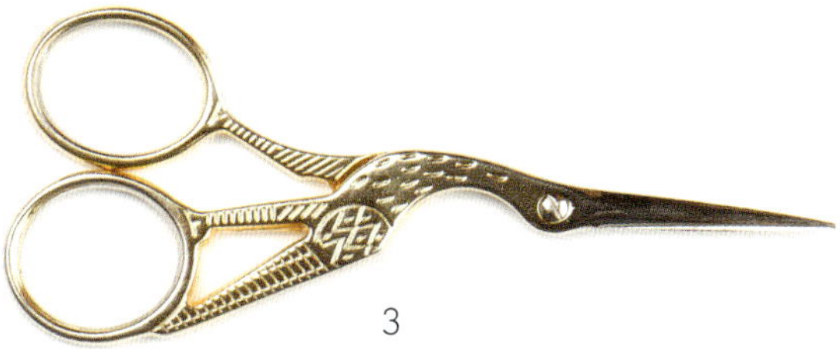

3

4

CISEAUX À BRODER (3)

Les ciseaux à broder sont des petits ciseaux solides à lames fines, parfaits pour couper les fils et les petites pièces de feutrine.

CISEAUX DE COUTURE

La feutrine est un matériau dense, souvent difficile à couper, et qui peut à la longue émousser les ciseaux. C'est pourquoi il est préférable d'acheter une paire de ciseaux de couture de bonne qualité. Non seulement ils couperont la feutrine sans problème, mais en plus, ils resteront aiguisés plus longtemps, ce qui vaut amplement leur surcoût !

ÉPINGLES ET AIGUILLES À COUDRE

Utilisez toujours des épingles et des aiguilles bien pointues (des pointes émoussées risqueraient de laisser des trous dans le tissu) et choisissez des modèles à tiges fines, plus faciles à piquer dans les tissus denses comme la feutrine.

AIGUILLE POUR POUPÉES

Aiguille très longue et solide, qui sert à fixer les bras des poupées à leur corps et s'achète dans les merceries, les magasins de tissus et les boutiques de fournitures pour loisirs créatifs.

GALONS (4)

Les tenues des poupées peuvent être agrémentées de galons de types et de couleurs variés, par exemple, élastiques, à pompons ou en dentelle.

COLLE ANTI-EFFILOCHAGE

Cette colle liquide devient transparente en séchant et empêche le tissu de s'effilocher. Elle s'achète dans les merceries et les boutiques de tissus. Déposer un peu de colle le long du bord coupé d'un tissu ou sur l'extrémité d'un ruban, d'une bordure en dentelle ou d'un biais, les empêche de s'effilocher.

PERLES DE ROCAILLE ET PAILLETTES (5)

Parfaits pour embellir un ouvrage, ces petits ornements sont faciles à trouver dans une vaste gamme de couleurs et de finitions. Les paillettes existent à coudre ou à coller, que demander de plus ?

MARQUEUR EFFAÇABLE À L'AIR (6)

Ce type de marqueur dépose sur le tissu une encre auto-disparaissante, généralement bleue ou violette, qui s'efface au bout d'un certain temps, mais peut aussi s'éliminer rapidement avec de l'eau. Une fois l'ouvrage terminé, tamponnez les traces restantes à l'aide d'un coton-tige mouillé. L'encre va devenir plus foncée, puis disparaîtra complètement en séchant.

YEUX DE SÉCURITÉ (7)

Les yeux de sécurité existent en différentes tailles et couleurs, et servent principalement à finir les peluches et les amigurumi. Chaque œil est constitué d'une partie en plastique dotée d'une tige lisse ou filetée et d'une rondelle en plastique ou en métal qui s'emboîte sur la tige. Les poupées ci-après ont toutes des yeux de sécurité noirs de 10,5 mm de diamètre à tige lisse et rondelle anti-arrachement en métal, mais vous pouvez parfaitement choisir des yeux d'une autre couleur.

BARRETTES ET PINCES À CHEVEUX

Les petites barrettes et pinces à cheveux offrent un moyen amusant de coiffer les poupées. On les trouve dans des couleurs et des tailles variées. Les petites barrettes en métal sont faciles à décorer avec des fleurs en feutrine.

BOUTONS-PRESSION

Les boutons-pression servent à fermer les vêtements. Ils sont composés de deux disques en métal ou en plastique qui s'emboîtent et restent assemblés jusqu'à ce qu'on les écarte en tirant dessus. La partie creuse est la partie femelle et la partie en relief est la partie mâle.

AGRAFES

Également utilisées pour fermer les vêtements, les agrafes sont composées d'un crochet aplati et d'une boucle en fil métallique et se ferment en glissant le crochet dans la boucle.

COLLE BLANCHE

Vous aurez besoin de colle blanche pour fixer les cheveux sur la tête des poupées et coller des paillettes sur la feutrine.

RÈGLE ET CRAYON

Une règle et un crayon sont utiles pour tracer les lignes qui servent à placer les différents éléments de certains gabarits.

CUILLÈRE EN BOIS, BÂTONNET EN BUIS ET PIQUE À APÉRITIF (8)

Ces outils aident à rembourrer les poupées. Utilisez une cuillère en bois pour remplir les zones les plus grandes et une pique à apéritif pour les plus petites.

OUATE (9)

Il existe différents types de ouate, en fibres naturelles ou synthétiques. Pour vos poupées, privilégiez une ouate en polyester de bonne qualité, à la fois agréable à manipuler, douce et qui conserve bien sa forme.

POINÇON ET PINCE COUPANTE

Ces outils sont facultatifs, mais un poinçon est pratique pour percer le visage des poupées à l'emplacement des yeux et une pince coupante peut s'avérer utile pour recouper la tige des yeux de sécurité après les avoir fixés.

PAPIER

Décalquez les pièces des gabarits sur du papier machine avant de les couper et veillez à bien étiqueter chaque pièce afin de ne pas les confondre.

CONFECTIONNER LA POUPÉE DE BASE

LA POUPÉE *de base*

LES RAVISSANTES PETITES POUPÉES PRÉSENTÉES DANS CET OUVRAGE SONT TOUTES FAITES À PARTIR DU GABARIT DE BASE FOURNI DANS CE CHAPITRE, À L'EXCEPTION DE LA PETITE SIRÈNE, QUI A UNE QUEUE DE POISSON AU LIEU DE JAMBES. LA POUPÉE DE BASE EST EN FEUTRINE 100 % LAINE MÉRINOS ET EN FEUTRINE MÉLANGÉE, ENTIÈREMENT COUSUE À LA MAIN À L'AIDE DE FILS À BRODER MOULINÉ ET DE POINTS SIMPLES (VOIR GUIDE DES POINTS). FACILE À CONFECTIONNER, ELLE NE NÉCESSITE NI D'AJOUTER DE MARGE DE COUTURE NI DE RETOURNER LES PIÈCES APRÈS LES AVOIR COUSUES, CAR CELLES-CI SONT ASSEMBLÉES ENVERS CONTRE ENVERS. LA POUPÉE FINIE A UNE TAILLE IDÉALE POUR ACCOMPAGNER LES ENFANTS LORS DE LEURS JEUX !

FOURNITURES *nécessaires*

• CISEAUX DE COUTURE • CISEAUX À BRODER
• ÉPINGLES • AIGUILLES • LONGUE AIGUILLE POUR POUPÉE
• MARQUEUR EFFAÇABLE À L'AIR • CRAYON DE COULEUR OU FARD À JOUES EN POUDRE ROSE
• COLLE BLANCHE • RÈGLE • COTON-TIGE • CUILLÈRE EN BOIS • PIQUE À APÉRITIF, BÂTONNET EN BUIS OU BAGUETTE FINE • PAPIER POUR LE GABARIT • COUVERCLE DE BOÎTE À CHAUSSURES
• FACULTATIF : POINÇON, PINCE COUPANTE

REPORT DES GABARITS ET COUPE

1 Photocopier ou décalquer tous les gabarits sur du papier machine. Couper les gabarits et les épingler sur les feutrines voulues.

2 Couper soigneusement chaque pièce de feutrine, en utilisant des ciseaux de couture pour les plus grandes et des ciseaux à broder pour les plus petites.

3 Sans retirer les épingles, soulever délicatement les bords du gabarit de la tête et reporter l'extrémité de ses lignes sur la pièce de feutrine du devant de la tête à l'aide d'un marqueur effaçable à l'air. Retirer le gabarit et relier les repères pour tracer les lignes qui serviront à placer les yeux, le nez et la bouche aux étapes suivantes.

4 Avec un marqueur effaçable à l'air, reporter les lignes des chevilles sur les jambes.

TÊTE

1 À l'aide d'un marqueur effaçable à l'air, reporter les traits du visage du gabarit de la tête sur la pièce de feutrine correspondante.

2 Broder le nez et la bouche au point de tige (voir Guide des points).

3 À l'aide de la pointe de ciseaux à broder ou d'un poinçon, percer un petit trou sur les X situés à l'emplacement des yeux (voir **fig. A**).

4 Fixer les yeux de sécurité en place et glisser leurs rondelles anti-arrachement le plus loin possible sur leur tige sur l'envers de la feutrine (voir **fig. A**). Si souhaité, couper les tiges des yeux à environ 4 mm des rondelles anti-arrachement à l'aide d'une pince coupante.

A

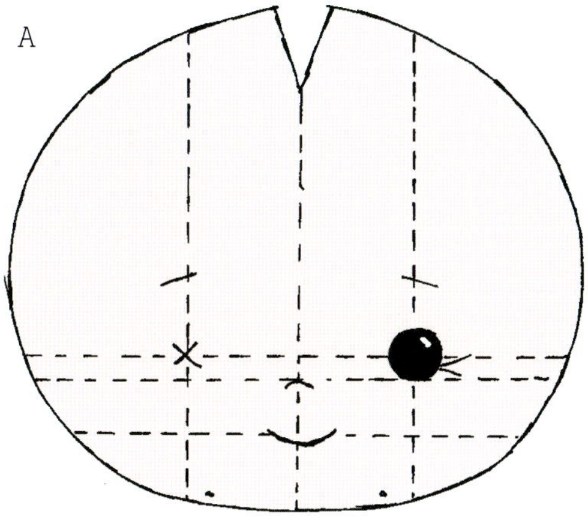

5 Broder les cils et les sourcils à l'angle externe et au-dessus des yeux à points lancés (voir Guide des points). Colorer légèrement les joues en rose à l'aide d'un crayon de couleur ou de fard à joues en poudre.

6 Plier le devant et le dos de la tête en deux verticalement, envers contre envers, et coudre la petite pince du haut de chaque pièce au point de surjet (voir Guide des points) pour donner à la tête une forme plus ronde.

Astuce

FAIRE LES COUTURES ET BRODER LE VISAGE AVEC UN SEUL BRIN DE FIL À BRODER MOULINÉ PERMET DE FAIRE DES POINTS PETITS, NETS ET RÉGULIÈREMENT ESPACÉS, QUI EMPÊCHENT LA OUATE DE SORTIR PAR LES COUTURES ET DONNENT UNE JOLIE FINITION AU TRAVAIL.

ASSEMBLAGE DE LA TÊTE

1 Épingler le devant et le dos de la tête, envers contre envers. Coudre le bord de la tête au point de feston (voir Guide des points), du point A au point B (voir **fig. B**), puis laisser le fil en attente.

2 Rembourrer la tête en poussant délicatement la ouate à l'aide d'une cuillère en bois. Quand la ouate atteint l'ouverture, continuer en utilisant un bâtonnet en buis ou une baguette fine pour la pousser délicatement à l'intérieur des joues (voir **fig. B**).

B

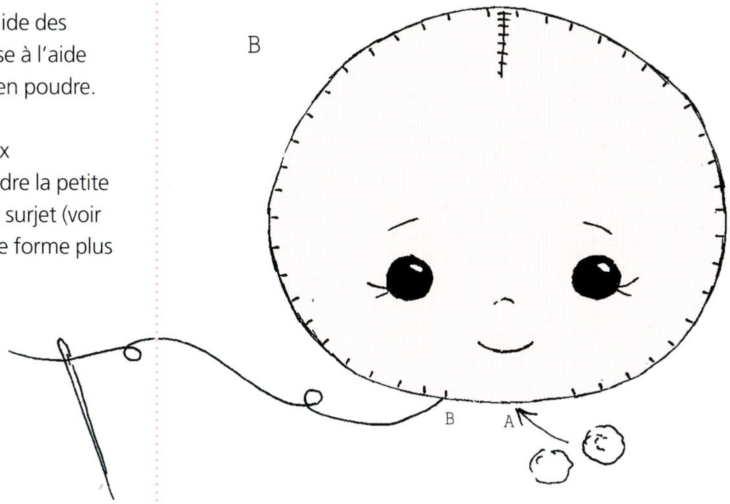

3 Commencer à fermer l'ouverture au point de feston tout en rembourrant le bas de la tête. Rembourrer le menton, puis fermer complètement l'ouverture. Le visage doit être rond et assez ferme, sans être rembourré au point de tirer sur les coutures.

CORPS

1 Épingler le devant et le dos du corps, envers contre envers. Coudre le pourtour du corps au point de surjet en allant d'un côté du cou à l'épaule du côté opposé (voir **fig. C**).

2 Rembourrer le corps en poussant la ouate à l'aide d'une cuillère en bois. Quand le corps est rembourré jusqu'à l'épaule droite, continuer à l'aide d'une pique à apéritif ou d'une baguette fine (voir **fig. C**).

C

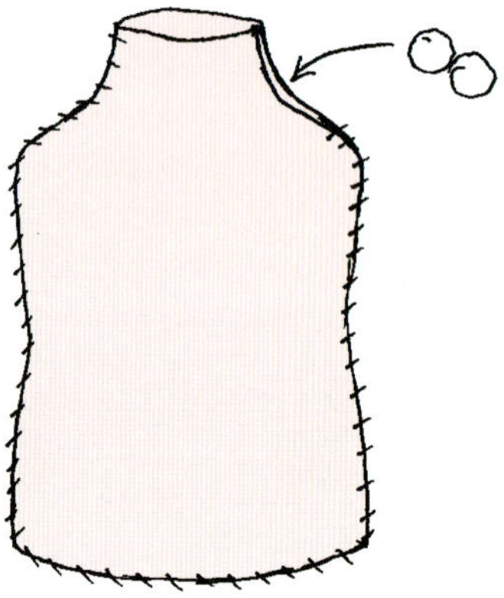

3 Coudre le bord du cou au point de surjet, puis laisser le fil en attente. Rembourrer le cou.

4 Faire des petits points de fronces au bord de l'ouverture du cou. Tirer doucement sur le fil pour fermer l'ouverture, en ajoutant de la ouate au fur et à mesure pour que le cou soit cylindrique. Le cou doit être le plus ferme possible pour offrir une base stable à la tête (voir **fig. D**).

D

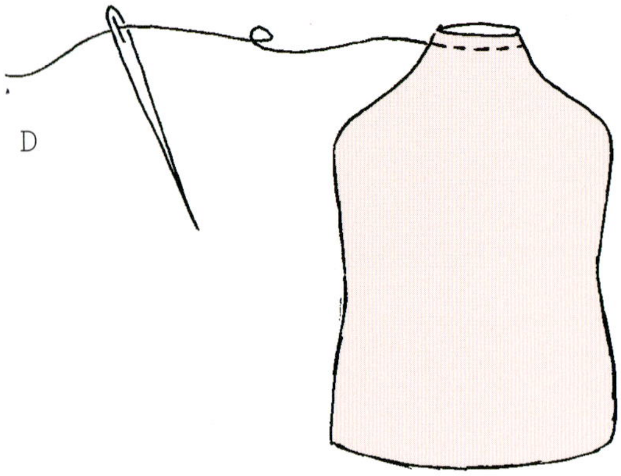

5 Fermer l'ouverture du cou à petits points pour former une bosse ferme et arrondie, puis laisser le fil en attente pour coudre la tête sur le corps ultérieurement (voir **fig. E**).

E

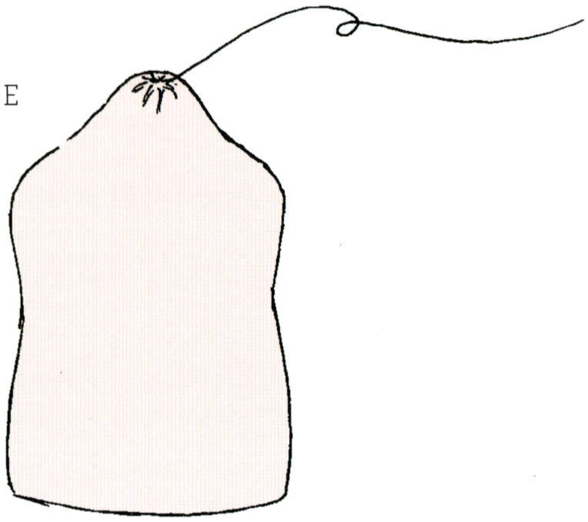

BRAS

1 Superposer les pièces d'un bras, envers contre envers, puis assembler le contour au point de surjet en laissant une ouverture à l'arrière du bras pour le rembourrer (voir **fig. F**).

2 Remplir les extrémités du bras d'un peu de ouate à l'aide d'une pique à apéritif. Ajouter de la ouate petit à petit jusqu'à ce que le bras soit rembourré, puis fermer l'ouverture au point de surjet (voir **fig. F**).

3 Répéter les étapes 1 et 2 pour faire l'autre bras.

F

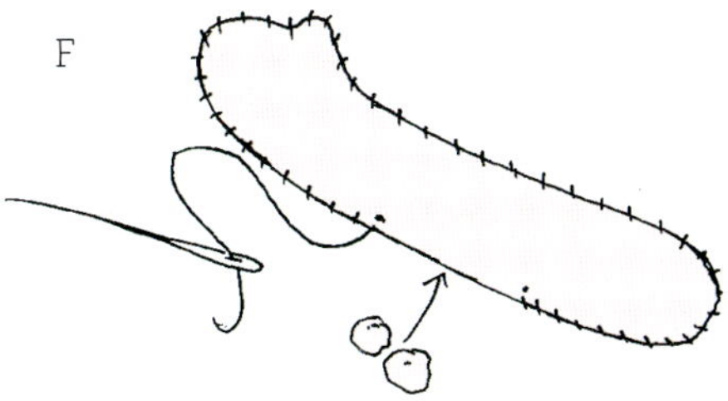

JAMBES

1 Épingler les deux pièces de feutrine d'une des jambes, envers contre envers. Assembler le contour de la jambe au point de surjet du point A au point B (voir **fig. G**), puis laisser le fil en attente.

2 Remplir le pied d'un peu de ouate jusqu'à ce qu'il soit ferme. Piquer une épingle à travers les deux épaisseurs de feutrine, sur la ligne indiquant l'emplacement de la cheville (voir **fig. G**). Rembourrer le mollet petit à petit.

3 Prendre une seconde aiguillée. Piquer l'aiguille au milieu de la ligne de la cheville et la faire ressortir sur l'un de ses côtés (voir **fig. G**).

G

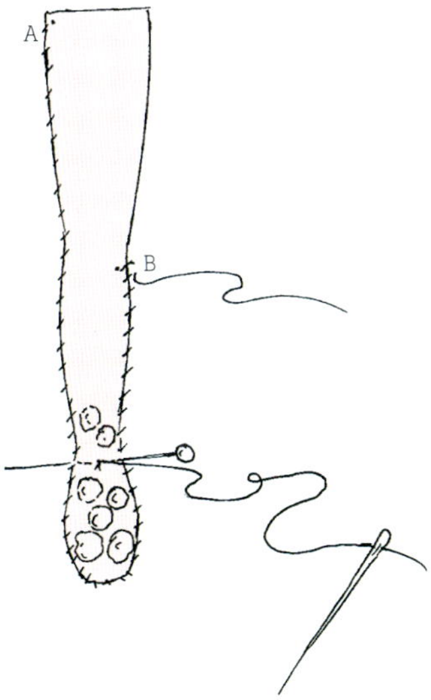

4 Plier le pied à 90 degrés et coudre le dessus du pied au devant du mollet au point d'échelle (voir Guide des points), jusqu'au bord opposé de la cheville.

Retirer l'épingle, puis faire une seconde couture au point d'échelle près de la première pour la consolider. Arrêter le fil (voir **fig. H**).

H

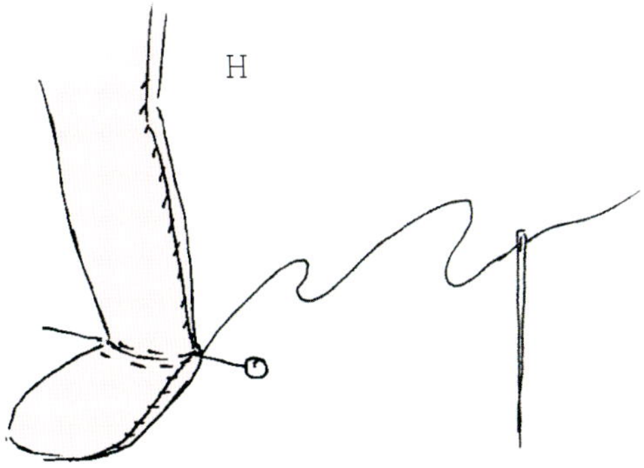

5 Rembourrer le talon en poussant la ouate à l'aide d'une pique à apéritif.

6 Assembler le contour de la jambe du point B au point C (voir **fig. I**). Arrêter la couture et laisser le fil en attente.

7 Rembourrer le reste de la jambe jusqu'à environ 5 mm du haut. Fermer le haut de la jambe au point de feston (voir **fig. I**).

8 Répéter les étapes 1 à 7 pour faire l'autre jambe.

I

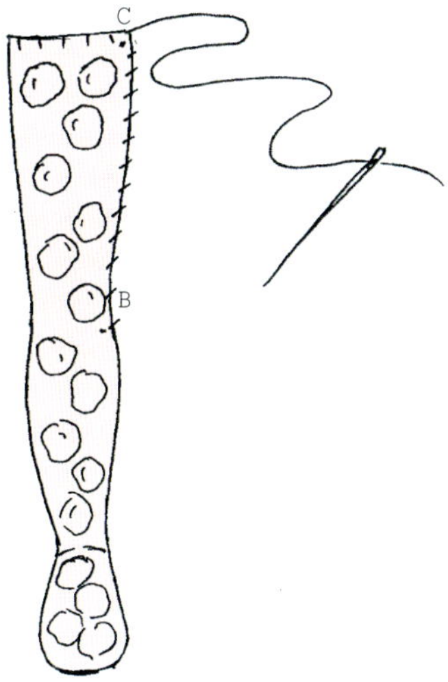

FIXATION DE LA TÊTE SUR LE CORPS

1 Centrer la tête sur le cou en alignant leurs coutures sur les côtés.

2 Épingler la tête sur le cou en piquant deux épingles dans le devant du corps, puis de la tête. Retourner la poupée pour placer son dos face à soi. Piquer deux épingles dans le dos du corps, puis de la tête.

3 Retourner de nouveau la poupée, pour placer son visage face à soi. Avec l'aiguille et le fil laissé en attente précédemment, assembler la tête au cou au point d'échelle, en commençant du côté droit du corps. Assembler le devant de la tête et du cou jusqu'au bord opposé, puis le dos de la tête et du cou jusqu'au point de départ de la couture (voir **fig.J**).

J

4 Si la tête vacille, faire des coutures supplémentaires autour du cou et de la base de la tête jusqu'à ce que celle-ci soit stable. Espacer les coutures de 1 à 2 mm et procéder petit à petit pour rapprocher le corps et la tête. Chaque couture va lui donner plus de stabilité.

5 Pour obtenir une jolie finition, les points d'échelle doivent impérativement être droits et minuscules. Tirer doucement sur le fil à distance égale pour rendre la couture invisible, sans trop insister pour ne pas la froncer.

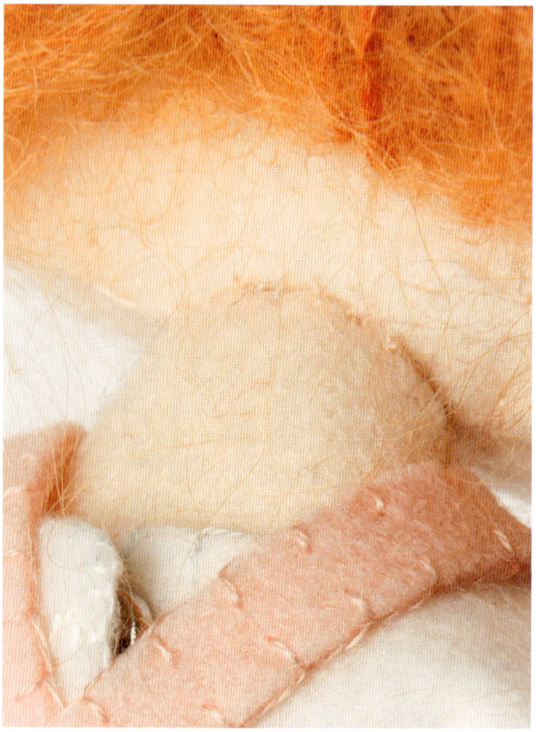

FIXATION DES BRAS ET DES JAMBES SUR LE CORPS

1 Épingler les bras sur les côtés du corps. Enfiler deux brins de fil à broder dans le chas d'une aiguille pour poupées. Piquer l'aiguille dans le corps, à l'emplacement d'un des bras, et la faire ressortir à l'emplacement de l'autre bras.

2 Piquer deux fois dans le haut du bras de ce côté, comme pour coudre un bouton à deux trous, puis repiquer dans le corps et faire sortir l'aiguille sous le premier bras. Piquer deux fois dans le premier bras, comme précédemment. Répéter plusieurs fois l'opération, puis arrêter le fil sous l'un des bras (voir **fig. K**).

K

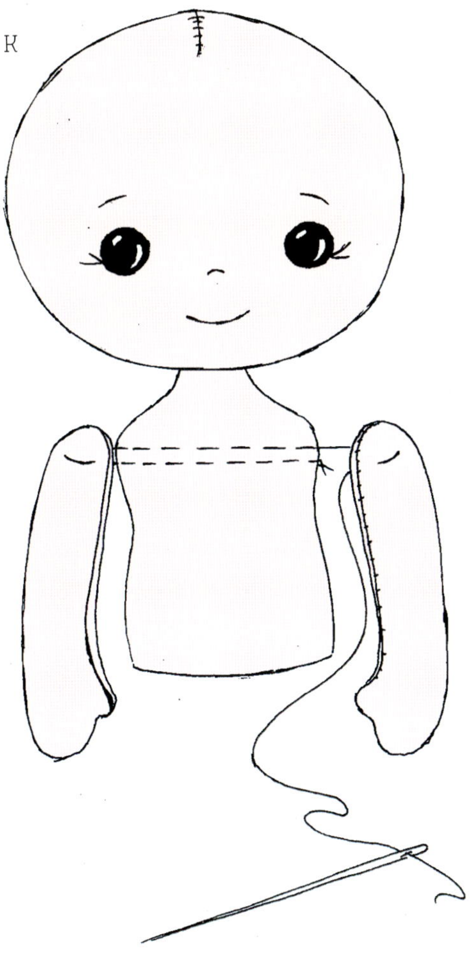

3 Épingler les jambes sur la couture du bas du corps. Coudre l'avant et l'arrière des jambes sur cette couture (voir **fig. L**).

L

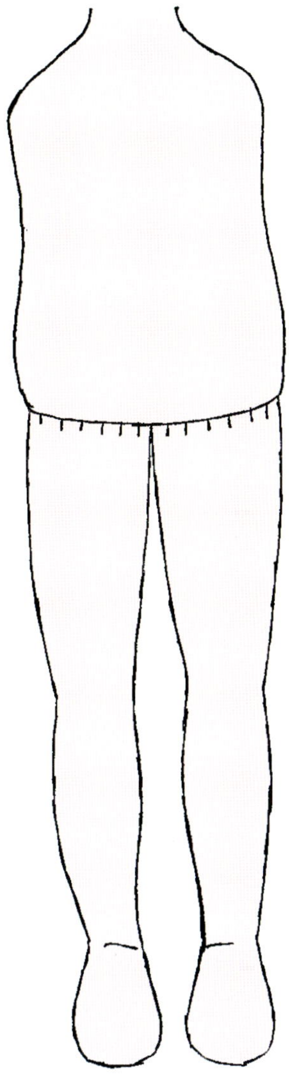

CHEVEUX

1 Pour faire les cheveux, enrouler la laine voulue autour du couvercle d'une boîte à chaussures. Ici, la chevelure est composée d'environ 66 brins (33 tours) de 50 cm de long (voir **fig. M**).

M

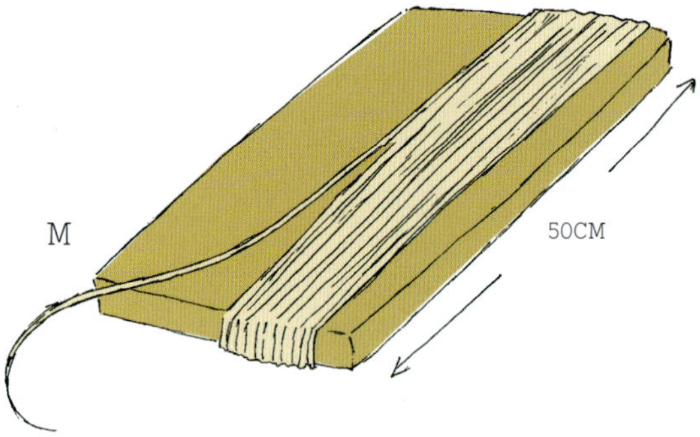

2 Retirer délicatement le carton sans emmêler les tours. Glisser un morceau de fil de couleur contrastée sous le milieu des cheveux et le nouer souplement. Coupez la laine aux deux extrémités de l'enroulement pour obtenir une série de brins de même longueur.

3 Placer les brins sur le sommet de la tête et épingler au centre de la couture (voir **fig. N**).

N

4 Enfiler une aiguille avec deux brins de fil à broder assorti aux cheveux. Piquer l'aiguille au dos de la tête et la faire ressortir sur le devant, tout près de la couture, sous le milieu des cheveux. Tirer fermement sur le fil, puis retirer le fil de couleur contrastée.

5 Répéter plusieurs fois l'étape 4 pour fixer solidement les cheveux sur la couture de la tête. Arrêter le fil au dos de la tête.

6 Regrouper les cheveux vers le haut. Avec un coton-tige, enduire le dos de la tête d'une couche de colle blanche (voir **fig. O**).

O

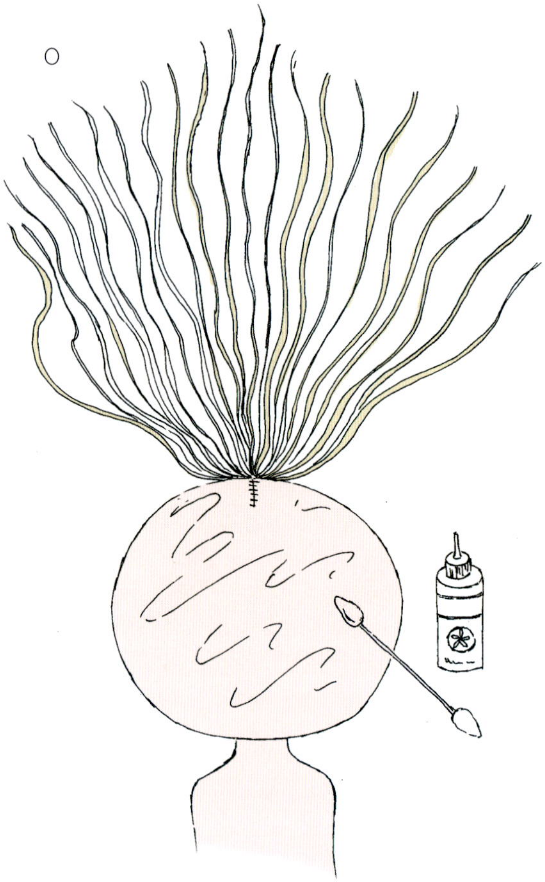

7 Placer des brins de laine un à un au dos de la tête jusqu'à ce qu'il soit couvert d'une couche de brins. Chaque brin doit être droit, collé verticalement de haut en bas de la tête. Les brins qui restent en haut de la tête serviront à couvrir la couche de brins collés quand la colle sera sèche (voir **fig. P**).

P

8 Plaquer délicatement les brins de cheveux sur la colle à l'aide d'un coton-tige et laisser sécher.

9 Déposer un filet de colle de chaque côté du visage, juste devant la couture du côté de la tête, puis appuyer un ou deux brins de laine dessus. Laisser sécher complètement.

10 Pour terminer, égaliser les cheveux et, si souhaité, couper une frange sur le devant (voir **fig. Q**).

CULOTTE

1 Avec un fil à broder de couleur contrastée, broder une petite fleur au point de bouclette (voir Guide des points) sur le devant de la culotte.

2 Plier la culotte en deux le long de l'entrejambe, envers contre envers, et assembler ses côtés au point de surjet avec un fil assorti.

3 Avec un fil à broder de couleur contrastée, surfiler le tour de taille et les ouvertures des jambes au point de feston pour les renforcer et éviter qu'ils se déforment au moment d'habiller la poupée.

GABARITS
Poupée de base

Les gabarits de ce livre sont tous fournis grandeur nature.

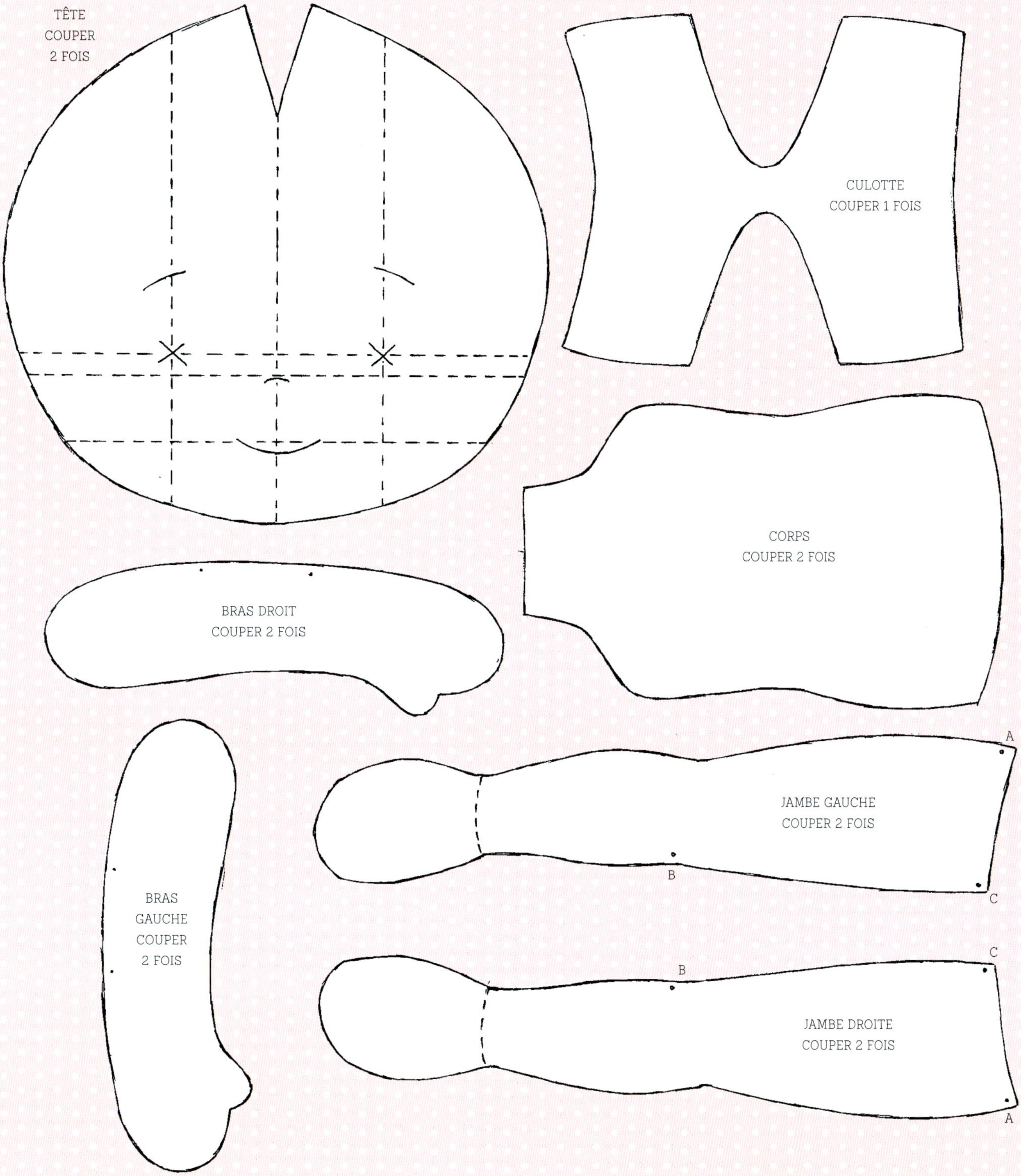

PETITE *sirène*

CETTE JOLIE SIRÈNE S'INSPIRE DES MERVEILLEUSES CRÉATURES MYTHIQUES DES CONTES MARITIMES. ELLE PORTE UN HAUT BRODÉ EN FORME DE COQUILLAGES FERMÉ PAR UN BOUTON-PRESSION ET SA QUEUE PEUT ÊTRE FINIE DE DIFFÉRENTES FAÇONS (LAISSÉE TELLE QUELLE, PARSEMÉE DE PAILLETTES ET DE PETITES PERLES ET/OU CUSTOMISÉE EN ORNANT SA NAGEOIRE DE POINTS DE BRODERIE ET/OU DE PERLES DE ROCAILLE). SES CHEVEUX DOUX ET ONDULÉS SONT FAITS AVEC UN MAGNIFIQUE FIL D'ALPAGA BROSSÉ.

FOURNITURES *nécessaires*

- FOURNITURES DE LA POUPÉE DE BASE (VOIR CONFECTIONNER LA POUPÉE DE BASE)
- AIGUILLE À PERLES
- 1 BOUTON-PRESSION DE 5 MM DE DIAMÈTRE
- 1 BARRETTE EN MÉTAL DE 2 CM DE LONG

REPORT DES GABARITS ET COUPE

1 Suivre les étapes 1 à 3 de la section Report des gabarits et coupe de la poupée de base (voir Confectionner la poupée de base).

TÊTE

1 Suivre les étapes 1 à 6 de la réalisation de la tête de la poupée de base.

ASSEMBLAGE DE LA TÊTE

1 Suivre les étapes 1 à 3 de l'assemblage de la tête de la poupée de base.

CORPS ET QUEUE

1 Avec un marqueur effaçable à l'air, reporter la ligne en pointillés du gabarit du corps sur les deux pièces du corps. Ces lignes serviront à placer la queue de la sirène sur sa taille ultérieurement.

2 Pour ajouter des paillettes et/ou broder la queue, reporter les lignes et les points de son gabarit sur le devant de la queue, en procédant comme pour reporter les lignes du gabarit de la tête.

3 Poser le devant de la queue sur le devant du corps en alignant le haut de la queue sur la ligne en pointillés du corps. Assembler les deux pièces à points glissés (voir Guide des points).

4 Répéter l'étape 3 avec le dos de la queue et du corps, en inversant les deux pièces.

5 Pour le nombril, broder une petite fleur au point de bouclette (voir Guide des points) sur le devant du corps, juste au-dessus de la taille.

6 Fixer une paillette et une perle de rocaille aux intersections des lignes tracées sur la queue. Broder la nageoire à petits points droits le long des pointillés, puis coudre des perles de rocaille sur les points dessinés dessus (voir **fig. A**).

A

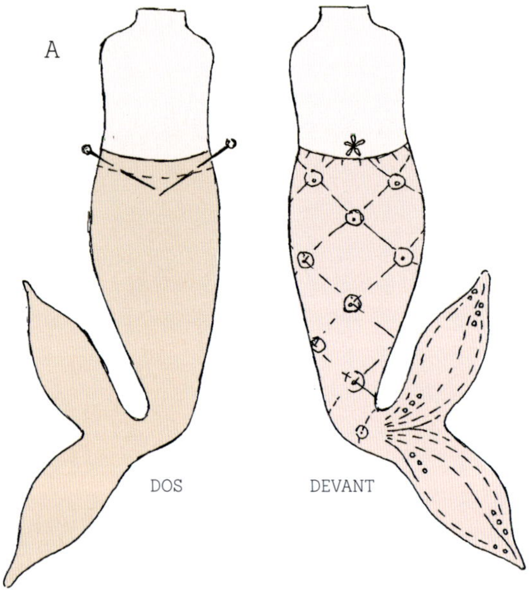

ASSEMBLAGE DU CORPS ET DE LA QUEUE

1 Épingler le dos et le devant du corps, envers contre envers. Avec un fil à broder mouliné assorti au corps, coudre l'un des côtés du corps au point de surjet (voir Guide des points), en allant du cou jusqu'à la jonction du corps et de la queue. Arrêter le fil.

2 Avec un fil à broder assorti à la queue, assembler la queue au point de surjet du point A au point B, puis laisser le fil en attente (voir **fig. B**). Rembourrer le bas de la nageoire.

3 Continuer l'assemblage de la queue au point de surjet jusqu'au point C, puis rembourrer le haut de la nageoire. Continuer à coudre et à rembourrer la queue jusqu'à sa jonction avec le corps, puis arrêter le fil (voir **fig. B**).

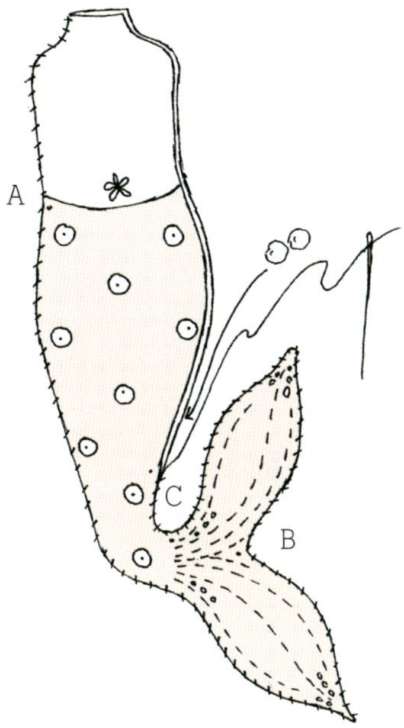

4 Avec un fil assorti au corps, assembler le second côté du corps jusqu'à l'angle de l'épaule et du cou.

5 Rembourrer la queue et le corps par l'ouverture du cou, en poussant la ouate à l'aide d'une cuillère en bois. Ajouter de la ouate jusqu'aux épaules, puis continuer à rembourrer le corps à l'aide d'une pique à apéritif ou d'un bâtonnet en buis (voir **fig. C**).

6 Pour terminer le corps, suivre les étapes 3 à 5 de l'explication du corps de la poupée de base (voir Couture de la poupée de base).

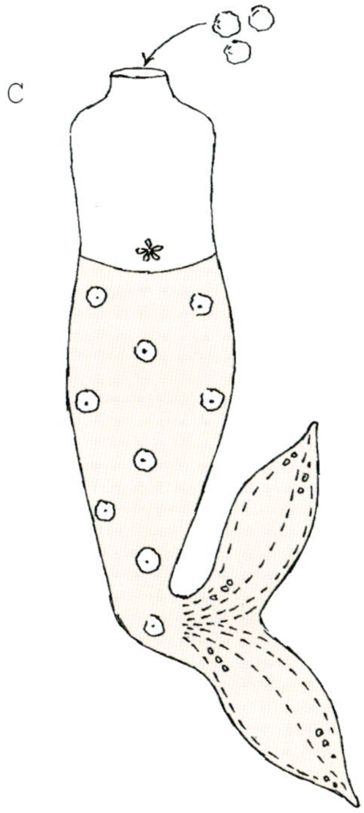

BRAS

1 Suivre les étapes 1 à 3 de la confection des bras de la poupée de base.

FIXATION DE LA TÊTE SUR LE CORPS

1 Suivre les étapes 1 à 5 de la fixation de la tête sur le corps de la poupée de base.

FIXATION DES BRAS SUR LE CORPS

1 Suivre les étapes 1 et 2 de la fixation des bras et des jambes sur le corps de la poupée de base.

CHEVEUX

1 Suivre l'explication de la pose des cheveux de la poupée de base.

HAUT DU MAILLOT DE BAIN

1 Avec un marqueur effaçable à l'air, reporter les motifs des coquillages sur le haut du maillot.

2 Broder les motifs des coquillages au point de bouclette, puis broder leur bord supérieur au point de feston (voir Guide des points).

3 Enfiler le haut du maillot sur la poupée, déterminer l'emplacement du bouton-pression, puis coudre celui-ci à l'endroit voulu (voir **fig. D**).

D

BARRETTE À FLEUR

1 Avec un marqueur effaçable à l'air, reporter les nervures des pétales sur la pièce de feutrine du dessus de la fleur. Broder les nervures avec un fil à broder de couleur contrastée, puis laisser le fil en attente.

2 Placer les pétales brodés sur ceux non brodés, en les décalant légèrement. Reprendre l'aiguillée en attente et piquer l'aiguille d'arrière en avant au centre des pétales (voir **fig. E**).

E

3 Coudre des perles de rocaille au centre de la fleur, puis faire ressortir l'aiguille sous les pétales du dessous. Coudre le centre de la fleur sur la barrette (voir **fig. F**).

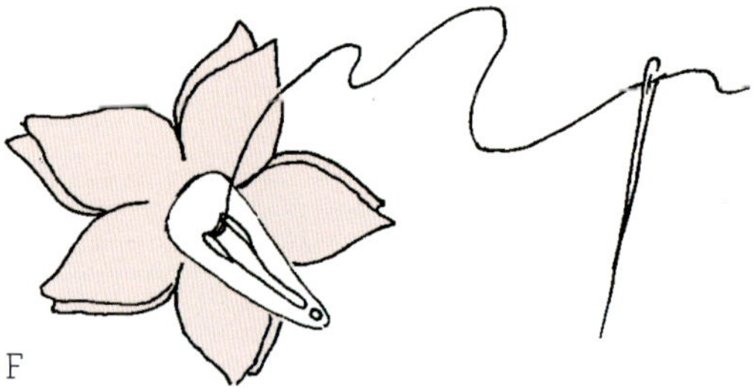

F

COLLIER

1 Pour faire le collier, enfiler deux brins de fil à broder dans le chas d'une aiguille à perles. Faire quelques petits points à la base de la nuque de la poupée, puis enfiler des perles de rocaille sur le fil.

2 Coudre l'autre extrémité du collier au même endroit, sur la nuque de la poupée, puis arrêter le fil.

GABARITS
Petite sirène

Utiliser aussi les gabarits de la tête et des bras de la poupée de base (voir page 29).
Les gabarits de ce livre sont tous fournis grandeur nature.

HAUT DE MAILLOT DE BAIN
COUPER 1 FOIS

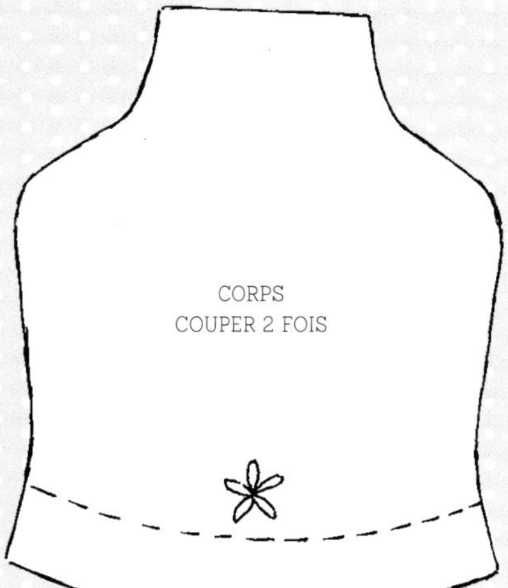

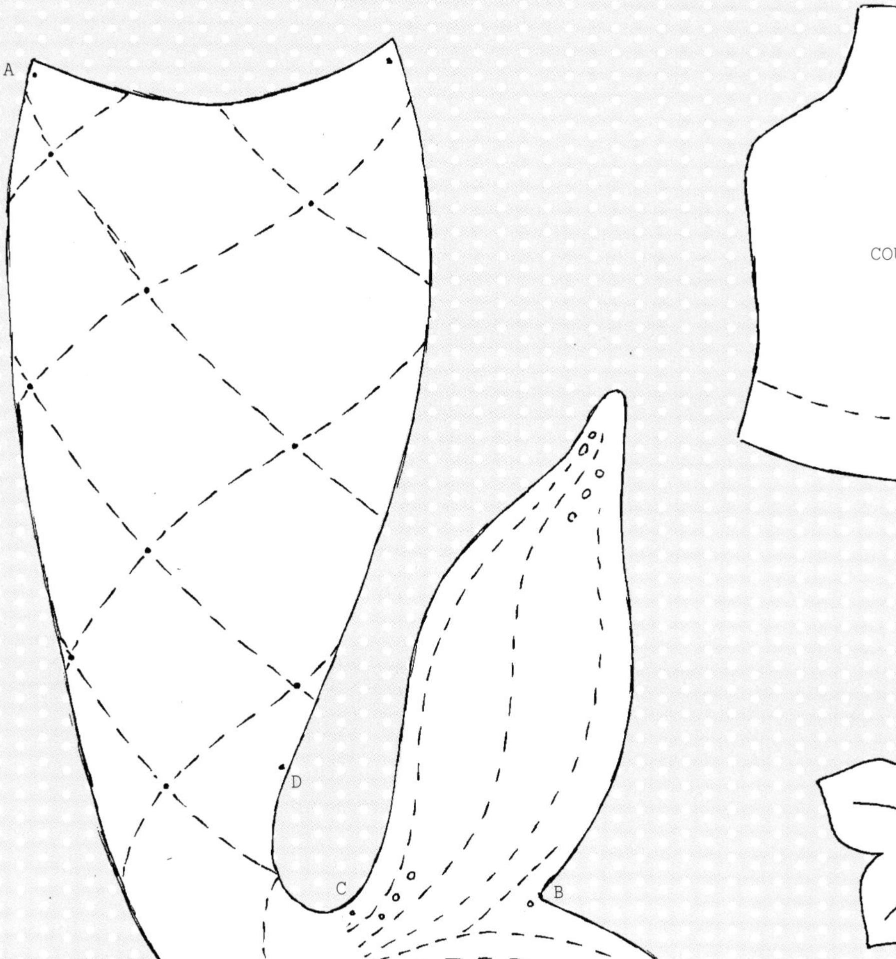

QUEUE
COUPER 2 FOIS

FLEUR
COUPER 2
FOIS

GRANDE *coquette*

SE METTRE SUR SON 31 EST TOUJOURS UN PLAISIR, EN PARTICULIER QUAND C'EST POUR SORTIR ! CETTE JEUNE FILLE ÉLÉGAMMENT VÊTUE SE REND À L'OPÉRA POUR VOIR DANSER UNE AMIE BALLERINE. ELLE PORTE UNE ROBE AJUSTÉE À MANCHES FESTONNÉES BORDÉE DE DENTELLE NOIRE ET DES PETITES CHAUSSURES NOUÉES AUTOUR DES CHEVILLES. UNE PETITE POCHETTE ET UNE LARGE CEINTURE COMPLÈTENT SA TENUE.

FOURNITURES *nécessaires*

- FOURNITURES DE LA POUPÉE DE BASE (VOIR CONFECTIONNER LA POUPÉE DE BASE)
- 11,5 CM DE DENTELLE POUR LE BAS DE LA ROBE
- 11,5 CM DE RUBAN DE 1 CM DE LARGE POUR LA CEINTURE
- 25 CM DE RUBAN DE 3 MM DE LARGE POUR LES CHAUSSURES
- 1 PETITE PAILLETTE CARRÉE POUR LA POCHETTE
- 1 BOUTON-PRESSION DE 5 MM DE DIAMÈTRE POUR LA CEINTURE
- COLLE ANTI-EFFILOCHAGE • 5 X 7,5 CM DE PAPIER CARTONNÉ POUR LES SEMELLES DES CHAUSSURES

COUPE ET ASSEMBLAGE

1 Suivre l'explication de la poupée de base jusqu'à l'étape 10 des cheveux (voir Confectionner la poupée de base).

ROBE

1 Avec un marqueur effaçable à l'air, reporter les repères du gabarit de la robe sur la pièce de feutrine correspondante.

2 Plier la robe le long des épaules, envers contre envers. Épingler les côtés de la robe, puis les coudre au point de surjet (voir Guide des points), du point situé sous chaque emmanchure jusqu'en bas (voir **fig. A**).

3 Avec du fil à broder mouliné noir, surfiler les bords du dos et l'encolure de la robe au point de feston (voir Guide des points) entre les deux astérisques (voir gabarit). Coudre une perle de rocaille sur chacun des points situés sous le devant de l'encolure (voir **fig. A**).

4 Épingler et coudre à petits points une bordure en dentelle sur l'envers du bas de la robe (voir **fig. A**).

5 Assembler les bords du dos de la robe au point de surjet jusqu'au bas de la robe (voir **fig. A**).

A

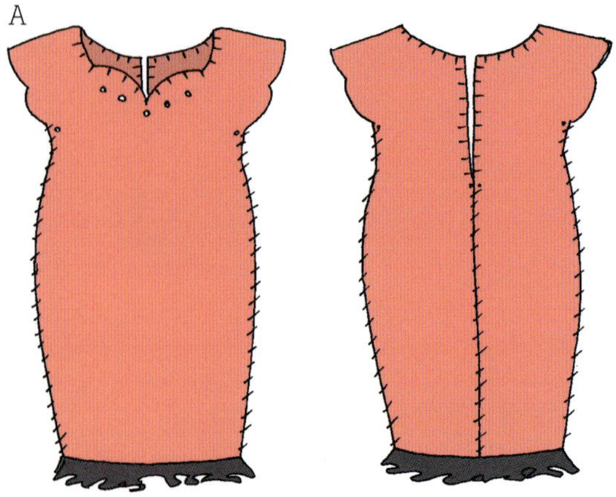

6 Pour la ceinture, appliquer une goutte de colle anti-effilochage sur chaque extrémité du ruban de 1 cm de large et laisser sécher complètement.

7 Mettre le ruban autour de la taille de la poupée, en plaçant ses extrémités dans son dos. Avec un marqueur effaçable à l'air, marquer l'emplacement du bouton-pression sur la ceinture. Retirer la ceinture et coudre le bouton-pression dessus.

POCHETTE

1 Avec un marqueur effaçable à l'air, reporter les lignes en pointillés et les repères du gabarit de la pochette sur la pièce de feutrine correspondante.

2 Plier la section A de la pochette le long des pointillés, en alignant ses côtés avec ceux de la section B. Épingler et coudre les côtés des sections A et B (voir gabarit) au point de surjet, puis rembourrer légèrement la pochette (voir **fig. B**).

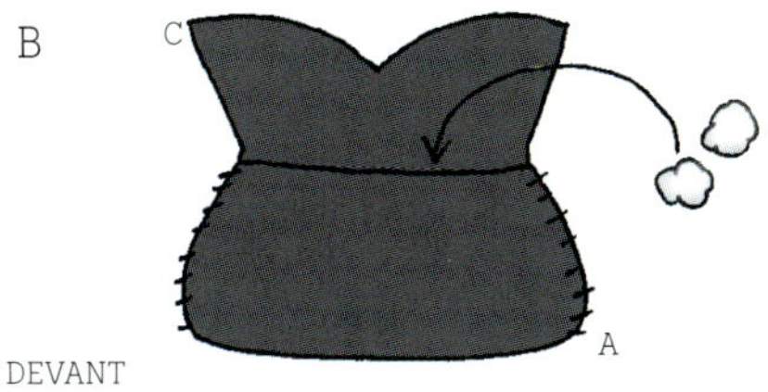

3 Retourner la pochette pour placer son dos face à soi. Fixer une paillette carrée à l'aide d'une perle de rocaille près du milieu du bord supérieur de la pochette (voir **fig. C**). Laisser le fil en attente.

4 Rabattre et épingler la section C sur la section A. Coudre le rabat sur l'avant de la pochette en maintenant par quelques petits points à travers toutes les épaisseurs (voir **fig. C**).

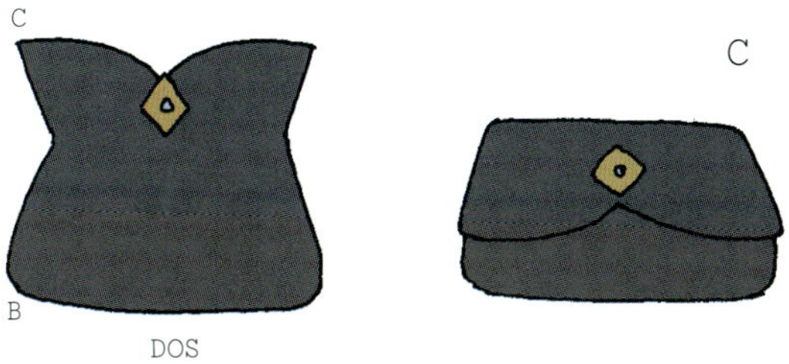

CHAUSSURES

1 Avec un marqueur effaçable à l'air, reporter les repères des gabarits de la chaussure sur les pièces de feutre correspondantes.

2 Pour faire une chaussure, prendre deux semelles en feutrine et une en papier cartonné. Avec un coton-tige, déposer une fine couche de colle sur l'une des faces de la semelle en papier cartonné.

3 Coller la semelle en papier cartonné sur une semelle en feutrine, en superposant les points de leurs extrémités. La semelle en papier est un peu plus petite que les semelles en feutrine pour permettre l'assemblage de celles-ci.

4 Appliquer une fine couche de colle sur la semelle en papier cartonné et poser la seconde semelle en feutrine dessus, en veillant à centrer les pièces et à aligner leurs points (voir **fig. D**).

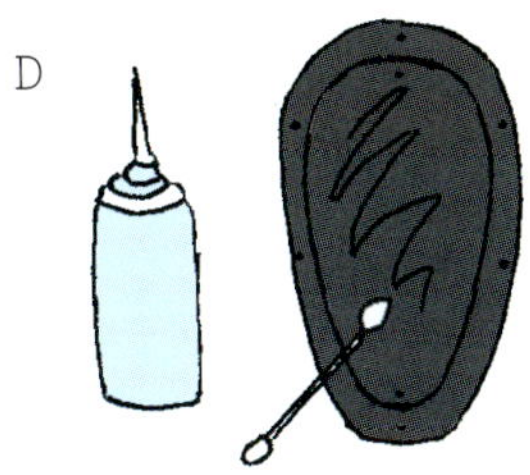

5 Répéter les étapes 1 à 4 pour la seconde chaussure. Laisser sécher la colle.

6 Surfiler au point de feston le bord interne des dessus de chaussure entre les points B. Coudre trois perles de rocaille sur le côté gauche d'un des dessus de chaussure et sur le côté droit de l'autre, aux endroits marqués par des points (voir **fig. E**).

7 Épingler un dessus de chaussure sur une semelle en superposant son point A et le point de l'extrémité de la semelle. Coudre chaque côté du dessus de chaussure sur la semelle au point de feston, en allant du point A au point B (voir **fig. E**).

E

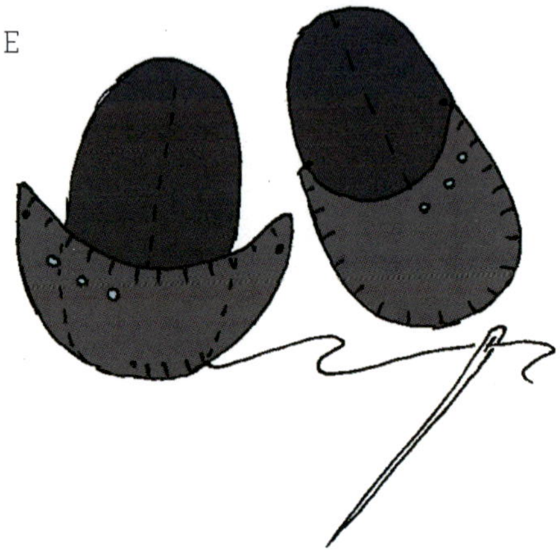

8 Plier les languettes de chaussure en superposant leurs points C. Coudre les bords inférieurs de chaque languette au point de feston (voir **fig. F**).

F

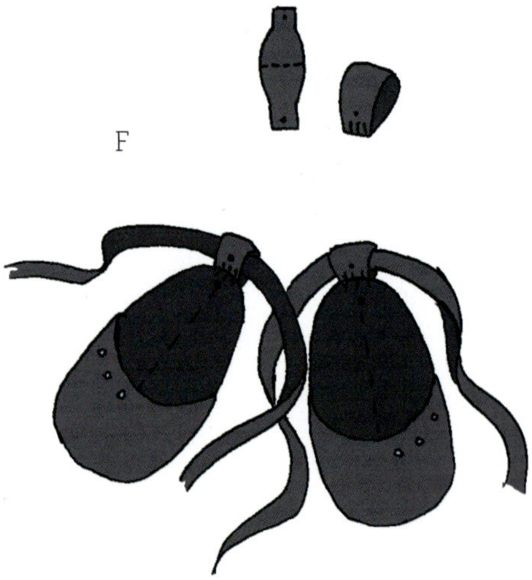

9 Épingler les bords cousus de chaque languette sur le talon d'une semelle, en alignant leurs points C. Coudre les languettes sur les semelles au point de feston (voir **fig. F**).

10 Couper en deux le ruban de 3 mm de large. Insérer une moitié du ruban dans la languette de chaque chaussure. Enfiler les chaussures à la poupée et nouer les rubans autour de ses chevilles (voir **fig. F**).

GABARITS
Grande coquette

Utiliser également les gabarits de la poupée de base
(voir Confectionner la poupée de base).
Les gabarits de ce livre sont tous
fournis grandeur nature.

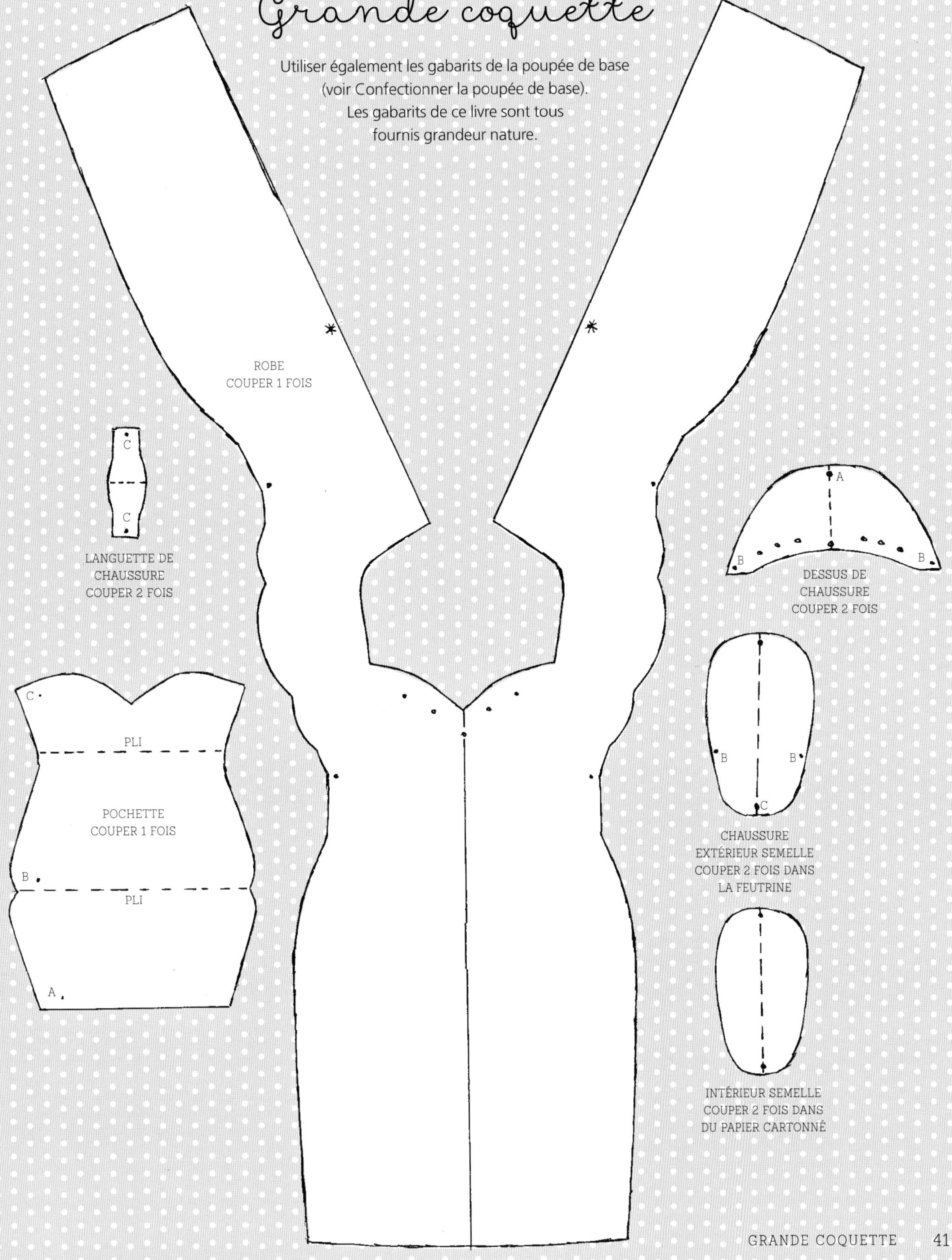

FÉE
des fleurs

SI VOUS AVEZ DÉJÀ TRAVERSÉ UN JARDIN À L'AUBE AU PRINTEMPS, VOUS AVEZ PEUT-ÊTRE ENTRAPERÇU UNE PAIRE D'AILES BRILLANTES ET ENTENDU TINTER DE PETITES CLOCHETTES. AUJOURD'HUI, IL EST TEMPS DE CONFECTIONNER VOTRE PROPRE FÉE DES FLEURS ! CETTE CRÉATURE TIMIDE PORTE UNE ROBE DOS NU ORNÉE DE PAILLETTES ET DE PERLES. SES AILES DÉLICATES, FACILES À RETIRER, SCINTILLENT GRÂCE À DE MINUSCULES CRISTAUX SWAROVSKI ET ELLE PORTE UN BANDEAU ET DES CHAUSSURES ORNÉS DE FLEURS ET DE PERLES.

FOURNITURES *nécessaires*

FOURNITURES DE LA POUPÉE DE BASE (VOIR CONFECTIONNER LA POUPÉE DE BASE)

- 30 CM DE RUBAN DE 5 MM DE LARGE POUR LE BANDEAU
- 1 BOUTON-PRESSION DE 5 MM DE DIAMÈTRE POUR LA ROBE
- 1 BOUTON-PRESSION DE 9 MM DE DIAMÈTRE POUR FIXER LES AILES
- COLLE POUR FIXER LES CRISTAUX SWAROVSKI
- COLLE ANTI-EFFILOCHAGE
- PINCE À ÉPILER

COUPE ET ASSEMBLAGE

1 Suivre l'explication de la poupée de base jusqu'à l'étape 9 des cheveux (voir Confectionner la poupée de base).

CHEVEUX

1 Pour coiffer la poupée, soulever les brins du dessus de la chevelure et veiller à ce que tous les brins collés sur la tête soient bien alignés.

2 Couper soigneusement les brins du dessous juste au-dessus des épaules, en allant du cou vers les côtés. Prendre le temps de vérifier que les deux côtés sont symétriques et ne pas trop tirer sur les brins pour qu'ils ne soient pas trop courts une fois relâchés

3 Quand la couche du dessous est coupée, replacer les brins du dessus sur le dos de la tête en veillant à ce qu'ils soient bien alignés. Égaliser les brins du dessus en les coupant à la même hauteur que ceux du dessous.

4 Pour la frange, couper trois ou quatre brins de laine juste au-dessus des yeux, sans trop tirer dessus, puis couper quelques brins en biais de chaque côté du visage.

ROBE

1 Avec un marqueur effaçable à l'air, reporter les repères des gabarits de la robe sur les pièces de feutrine correspondantes. Coudre des paillettes et des perles sur les repères situés le long de l'encolure et du bas de la robe (voir **fig. A**).

A

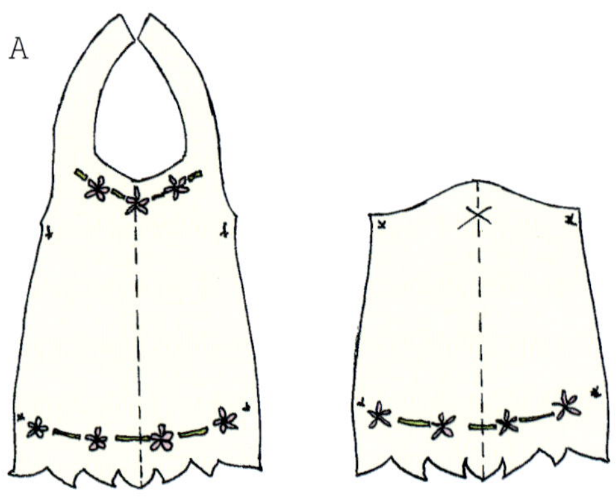

2 Épingler le devant et le dos de la robe sur les côtés en superposant leurs bords inférieurs. Coudre les côtés de la robe au point de surjet (voir Guide des points) en allant de l'astérisque situé sous chaque emmanchure à l'astérisque du bas (voir gabarit).

3 Surfiler entièrement le bord du haut de la robe au point de feston (voir Guide des points) en commençant à la base d'une emmanchure et en terminant par le haut du dos, pour le renforcer et éviter qu'il se déforme au moment d'habiller la poupée.

4 Enfiler la robe sur la poupée et déterminer l'emplacement du bouton-pression des bretelles. Retirer la robe de la poupée, puis coudre un bouton-pression de 5 mm de diamètre à l'extrémité des bretelles. Coudre la partie femelle d'un bouton-pression de 9 mm de diamètre sur le X situé en haut du dos de la robe, pour y fixer les ailes (voir **fig. B**).

B

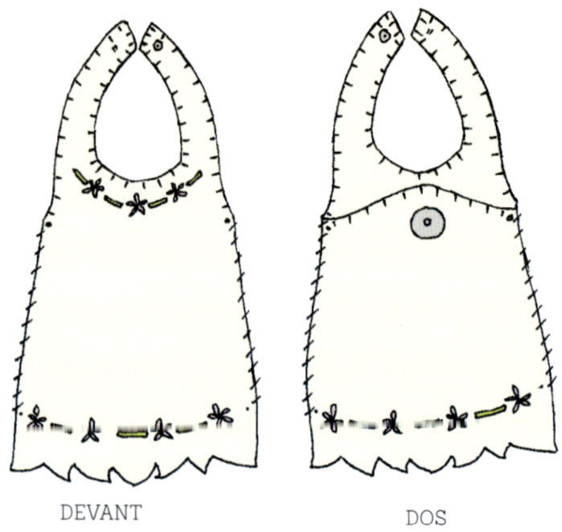

AILES DE FÉE

1 Avec un marqueur effaçable à l'air, reporter les repères du gabarit des ailes sur la pièce de feutrine correspondante. Coudre la partie mâle du bouton-pression de 9 mm de diamètre sur le devant des ailes (voir **fig. C**).

2 Superposer le devant et le dos des ailes en alignant leurs bords, puis assembler ceux-ci au point de feston (voir **fig. C**). Doubler les ailes leur donne davantage de tenue.

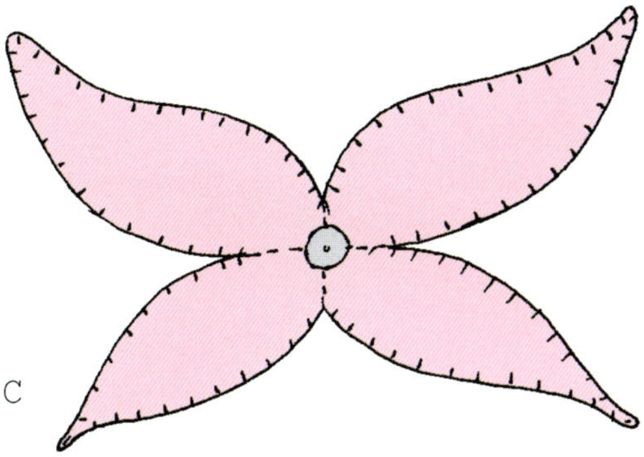

C

3 Déposer un peu de colle sur du papier brouillon. À l'aide d'une pince à épiler, prendre délicatement un cristal Swarovski en veillant à ce que son dos soit dessous. Poser le dos du cristal dans la colle, puis le placer sur l'un des points tracés sur les ailes. Répéter jusqu'à ce que tous les cristaux soient collés sur les ailes, puis laisser sécher complètement (voir **fig. D**).

D

CHAUSSURES À FLEUR

1 Avec un marqueur effaçable à l'air, reporter les points, les lignes et le X des gabarits des chaussures et de la petite fleur sur les pièces de feutrine correspondantes.

2 Avec un brin de fil à broder mouliné, broder les nervures des pétales d'une des petites fleurs et coudre trois perles de rocaille en son centre (voir **fig. E**).

3 Surfiler au point de feston le bord interne d'un dessus de chaussure (voir **fig. F**).

E

4 Coudre le centre de la fleur à petits points sur le X du dessus de chaussure (voir **fig. G**).

F

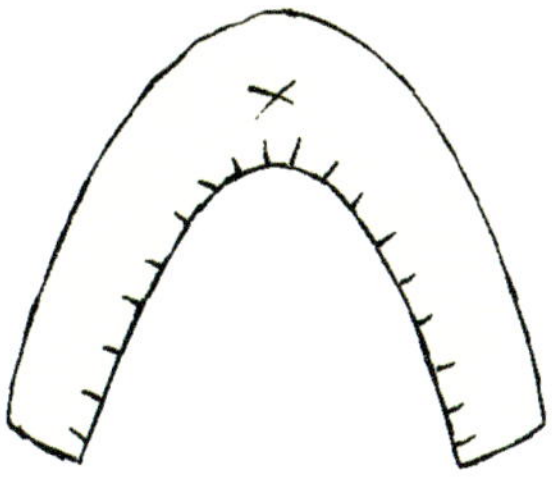

5 Plier le dessus de chaussure en deux et assembler ses extrémités au point de surjet (voir **fig. H**).

G

6 Placer une semelle sous le bord de la chaussure en alignant les points de leurs extrémités, puis assembler les deux pièces au point de feston (voir **fig. I**).

7 Répéter les étapes 2 à 6 pour faire l'autre chaussure.

H

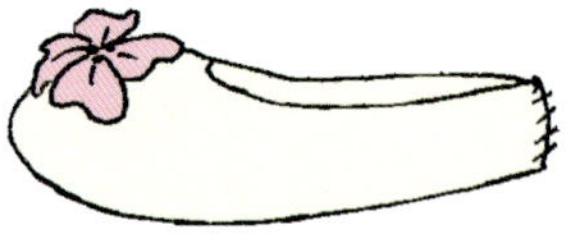

I

BANDEAU À FLEURS

1 Avec un marqueur effaçable à l'air, reporter les points des extrémités du gabarit du bandeau sur l'envers de la pièce de feutrine correspondante. Reporter les autres points du gabarit sur l'endroit du bandeau. Les points A correspondent aux petites fleurs et les points B aux grandes fleurs.

2 Avec un brin de fil à broder, broder les nervures des pétales des fleurs. Coudre trois perles de rocaille au centre de chaque fleur et laisser le fil en attente au dos des fleurs pour les coudre sur le bandeau ultérieurement (voir **fig. J**).

J

3 Surfiler le pourtour du bandeau au point de feston.

4 Couper deux morceaux de ruban de 15 cm de long. Déposer une goutte de colle anti-effilochage sur chaque extrémité des rubans et laisser sécher complètement.

5 Placer l'extrémité d'un des rubans sur l'un des points marqués sur l'envers du bandeau, puis la coudre en place à petits points droits. Répéter avec l'autre ruban à l'autre extrémité du bandeau. Les rubans serviront à nouer le bandeau derrière la tête de la poupée (voir **fig. K**).

K

6 Placer les fleurs sur les points correspondants sur l'avant du bandeau, puis les coudre dessus avec les fils en attente, en piquant en leur centre (voir **fig. L**). Nouer le bandeau autour de la tête de la poupée.

L

GABARITS
Fée des fleurs

Utiliser également les gabarits de la poupée de base (voir Confectionner la poupée de base).
Les gabarits de ce livre sont tous fournis grandeur nature.

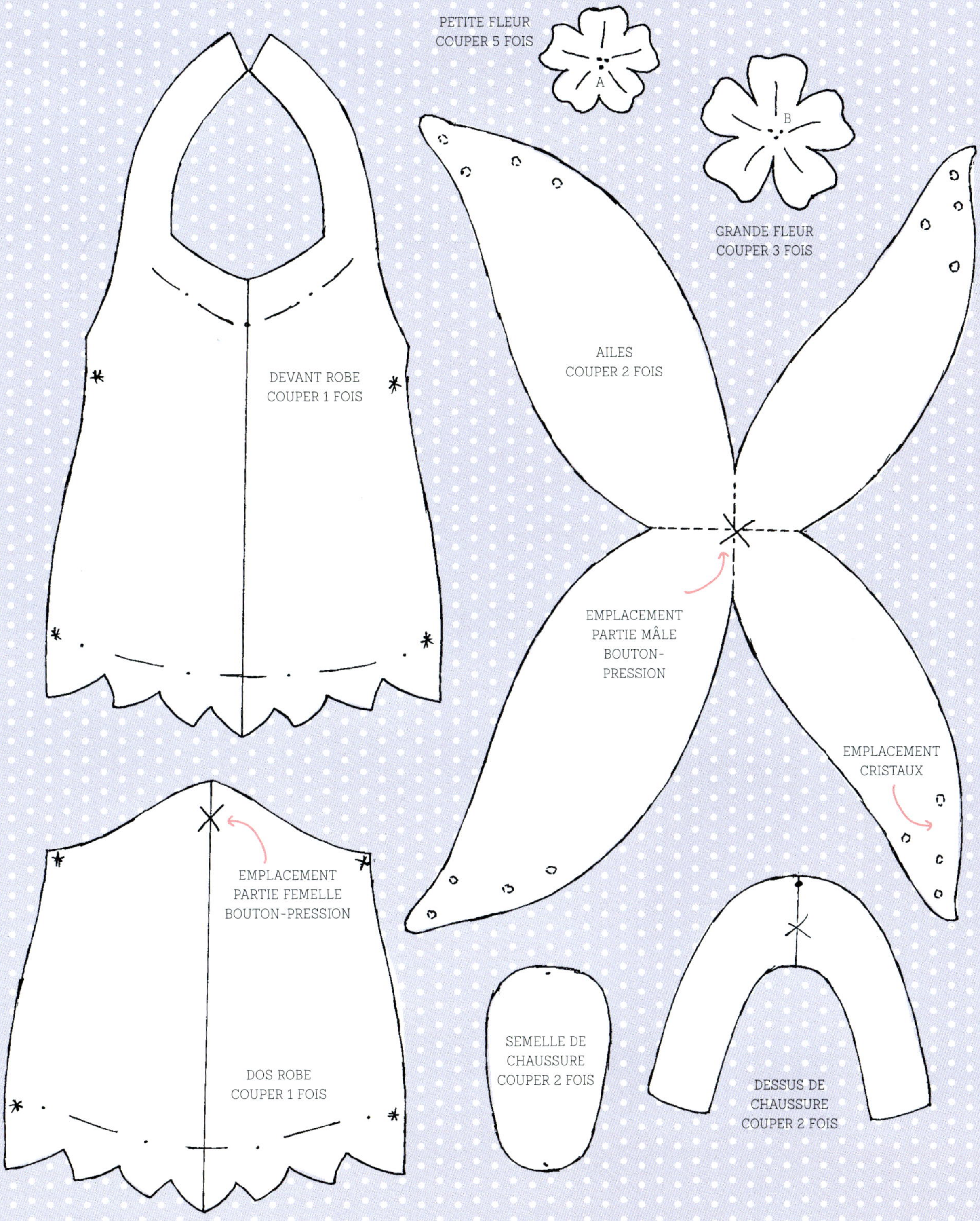

JOLIE
baigneuse

C'EST LA JOURNÉE IDÉALE POUR ALLER À LA PLAGE ! CETTE PETITE BAIGNEUSE AU TEINT HÂLÉ PORTE UN JOLI MAILLOT DE BAIN ROSE À POIS, DES SANDALES ASSORTIES ET UN CHAPEAU À LARGE BORD POUR SE PROTÉGER DU SOLEIL. N'OUBLIEZ PAS DE LUI FAIRE UN SAC DE PLAGE POUR EMPORTER UNE SERVIETTE, UN LIVRE ET DE L'ÉCRAN SOLAIRE.

FOURNITURES *nécessaires*

- FOURNITURES DE LA POUPÉE DE BASE (VOIR CONFECTIONNER LA POUPÉE DE BASE)
- PETITE ÉPINGLE DE SÛRETÉ SANS BOUCLE
- 2 BOUTONS-PRESSION DE 5 MM DE DIAMÈTRE
- 5 X 15 CM DE PAPIER CARTONNÉ POUR LES SEMELLES DES SANDALES

COUPE ET ASSEMBLAGE

1 Suivre l'explication de la poupée de base jusqu'à l'étape 10 des cheveux (voir Confectionner la poupée de base).

HAUT DU MAILLOT DE BAIN

1 Avec un marqueur effaçable à l'air, reporter les repères des gabarits du haut de maillot de bain et du nœud A sur les pièces de feutrine correspondantes.

2 Avec un brin de fil à broder mouliné, surfiler le pourtour du haut de maillot de bain au point de feston (voir Guide des points) (voir **fig. A**) pour le renforcer et éviter qu'il se déforme au moment d'habiller la poupée.

A

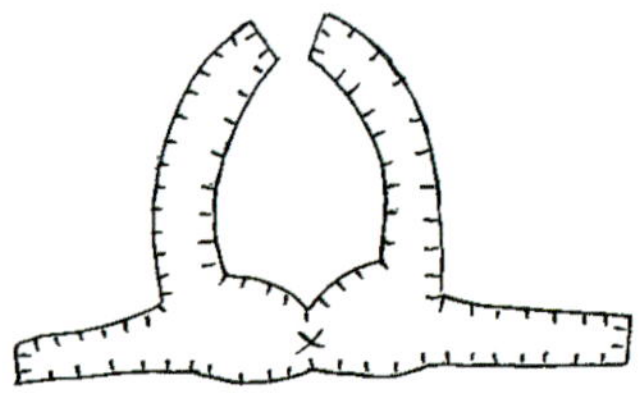

3 Broder quatre points lancés au centre du nœud A, sur les lignes tracées précédemment.

4 Placer le nœud A sur le nœud B en superposant leurs centres, puis les coudre avec du fil à broder au milieu du haut de maillot de bain en faisant de minuscules points verticaux (voir **fig. B**).

5 Enfiler le haut du maillot de bain sur la poupée. Marquer l'emplacement du bouton-pression, puis le coudre.

B

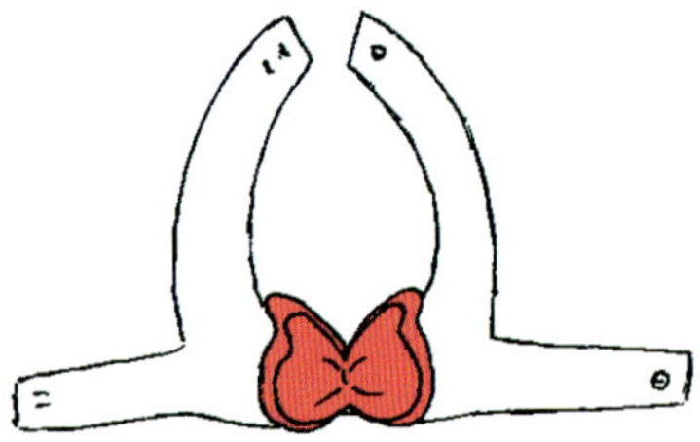

BAS DU MAILLOT DE BAIN

1 Avec un marqueur effaçable à l'air, reporter les deux X du gabarit du bas de maillot de bain sur les pièces de feutrine correspondantes.

2 Plier le bas de maillot de bain en deux à l'entrejambe, envers contre envers, puis assembler ses côtés au point de surjet (voir Guide des points).

3 Surfiler les bords de la taille et des ouvertures des jambes au point de feston (voir **fig. C**), pour les renforcer et éviter qu'ils se déforment au moment d'habiller la poupée.

4 Coudre le centre d'un nœud C sur chacun des X marqués sur l'avant du maillot (voir **fig. D**).

C

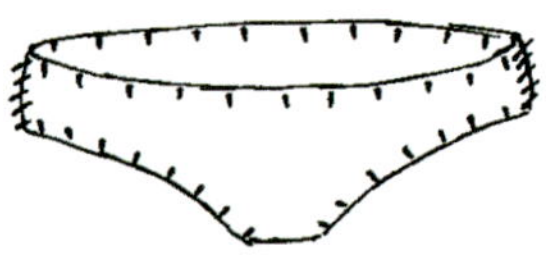

D

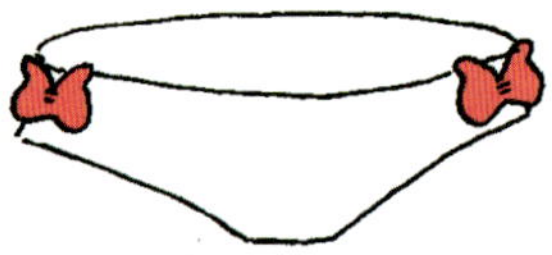

SAC DE PLAGE

1 Avec un marqueur effaçable à l'air, reporter les X et les lignes des gabarits du sac et du nœud D sur les pièces de feutrine correspondantes.

2 Assembler au point de feston les bords longs du fond du sac et les bords inférieurs des grands côtés du sac (voir **fig. E**).

3 Répéter pour assembler au point de feston les bords étroits du fond et des petits côtés du sac (voir **fig. E**).

E

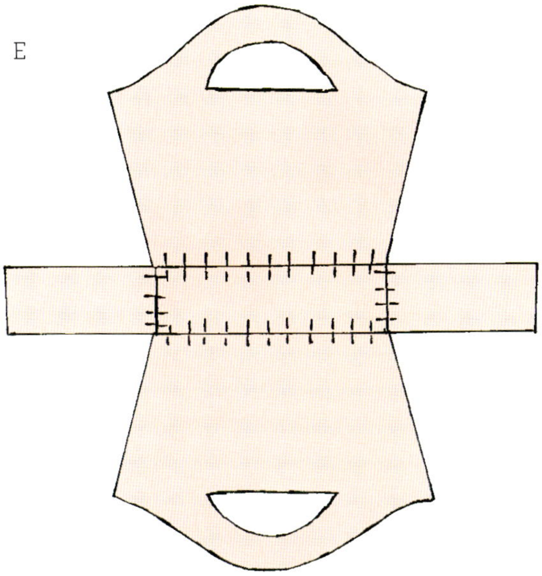

4 Assembler les côtés du sac au point de feston. Surfiler le bord de l'ouverture du sac et l'intérieur des poignées au point de feston.

5 Broder quatre points lancés sur le nœud D, sur les lignes tracées précédemment.

6 Placer le nœud D sur le nœud E en superposant leurs centres, puis les coudre sur le X tracé à la base de la poignée du sac, en piquant en leur centre (voir **fig. F**).

F

CHAPEAU

1 Avec un marqueur effaçable à l'air, reporter les lignes du gabarit du nœud F sur la pièce de feutrine correspondante.

2 Assembler les extrémités du côté de calotte au point de surjet. Épingler le dessus et le côté de calotte, puis les assembler au point de feston (voir **fig. G**).

GABARITS
Jolie baigneuse

Utiliser également les gabarits de la poupée de base (voir Confectionner la poupée de base).
Les gabarits de ce livre sont tous fournis grandeur nature.

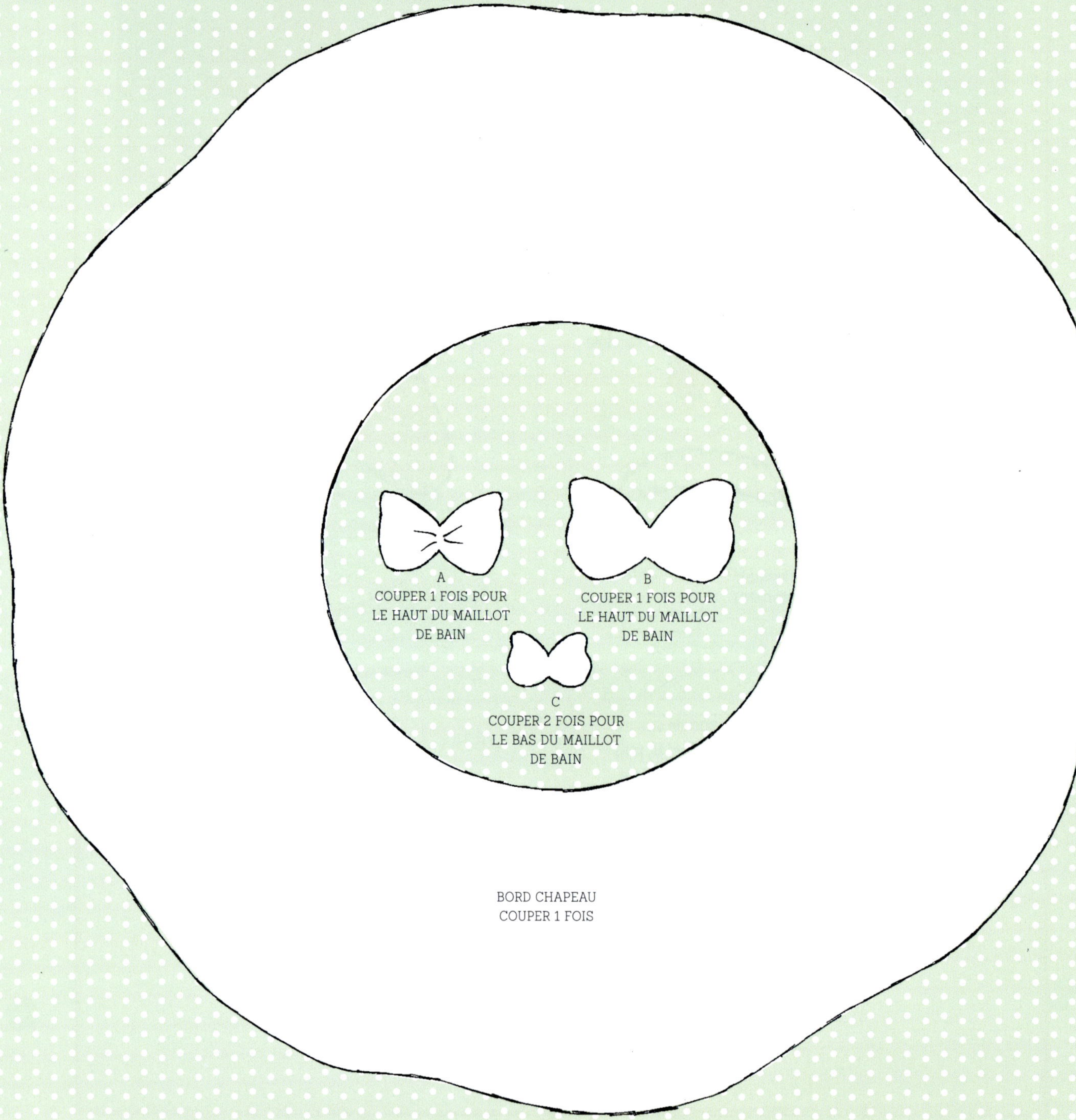

SAC DE PLAGE

1 Avec un marqueur effaçable à l'air, reporter les X et les lignes des gabarits du sac et du nœud D sur les pièces de feutrine correspondantes.

2 Assembler au point de feston les bords longs du fond du sac et les bords inférieurs des grands côtés du sac (voir **fig. E**).

3 Répéter pour assembler au point de feston les bords étroits du fond et des petits côtés du sac (voir **fig. E**).

E

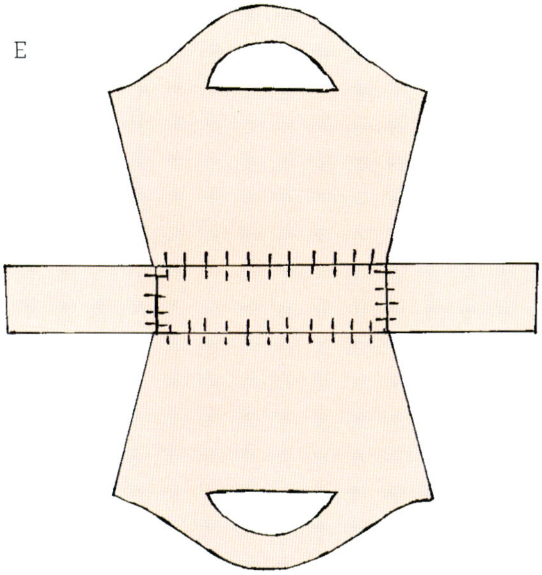

4 Assembler les côtés du sac au point de feston. Surfiler le bord de l'ouverture du sac et l'intérieur des poignées au point de feston.

5 Broder quatre points lancés sur le nœud D, sur les lignes tracées précédemment.

6 Placer le nœud D sur le nœud E en superposant leurs centres, puis les coudre sur le X tracé à la base de la poignée du sac, en piquant en leur centre (voir **fig. F**).

F

CHAPEAU

1 Avec un marqueur effaçable à l'air, reporter les lignes du gabarit du nœud F sur la pièce de feutrine correspondante.

2 Assembler les extrémités du côté de calotte au point de surjet. Épingler le dessus et le côté de calotte, puis les assembler au point de feston (voir **fig. G**).

3 Épingler et coudre le bas de la calotte et le bord du chapeau au point de surjet (voir **fig. G**).

G

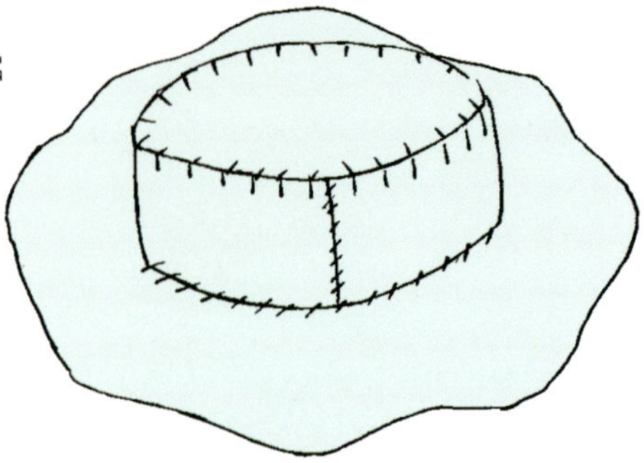

4 Épingler le ruban du chapeau sur le côté de la calotte, en superposant leurs extrémités. Le bas du ruban doit être parfaitement aligné sur la couture du bord du chapeau. Assembler les extrémités du ruban au point de surjet, puis coudre ses bords à petits points sur le côté de calotte (voir **fig. H**).

H

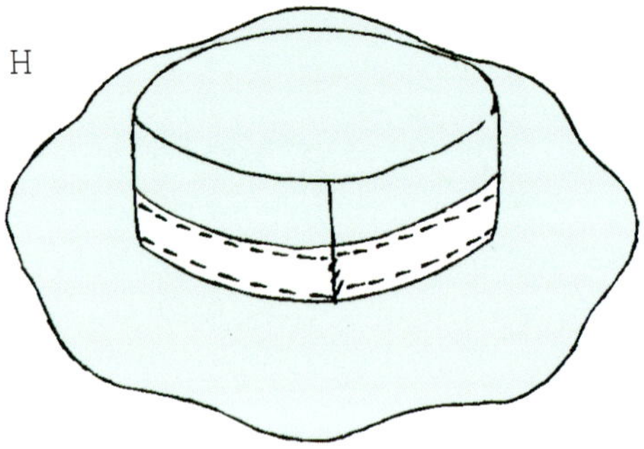

5 Broder quatre points lancés au centre du nœud F, sur les lignes tracées précédemment.

6 Placer le nœud F sur le nœud G en superposant leurs centres et les assembler à l'aide de fil à broder.

7 Piquer une épingle de sûreté sans boucle au dos du nœud. Placer le chapeau sur la tête de la poupée, relever son bord et le fixer sur le côté de la calotte à l'aide de l'épingle du nœud (voir **fig. I**).

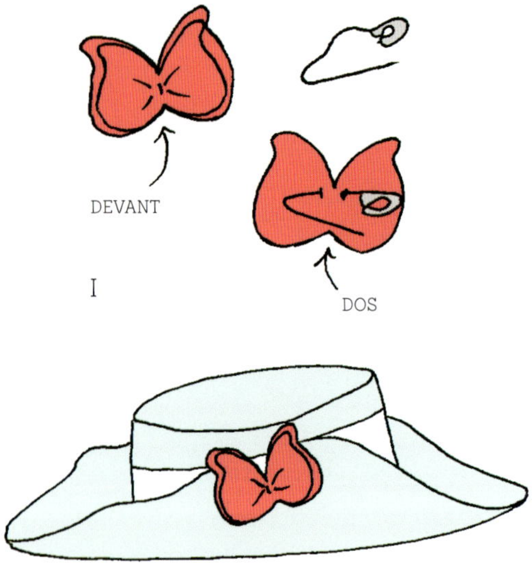

I

SANDALES

1 Suivre les étapes 1 à 5 de l'explication des chaussures de la poupée en tenue de soirée (voir Grande coquette).

2 Surfiler au point de feston le bord d'une semelle (voir **fig. J**).

J

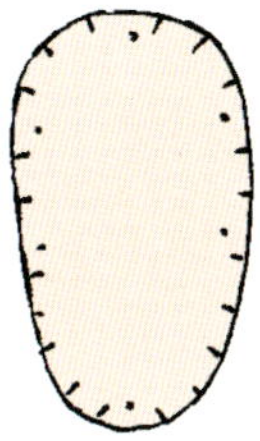

3 Vérifier que les points A, B, C et D et le X du gabarit du dessus de sandale ont été reportés sur les pièces de feutrine correspondantes. Surfiler au point de feston les bords supérieurs et inférieurs d'un dessus de sandale (et non ses bords étroits) (voir **fig. K**).

K

4 Broder quatre points lancés au centre d'un nœud H, sur les lignes tracées précédemment.

5 Coudre le centre du nœud sur le X du dessus de sandale.

6 Poser le côté gauche du dessus de sandale sur une semelle en superposant leurs points A et B, puis les assembler au point de feston. Répéter de l'autre côté de la sandale en superposant les points C et D.

7 Répéter les étapes 2 à 6 pour terminer l'autre sandale (voir **fig. L**).

L

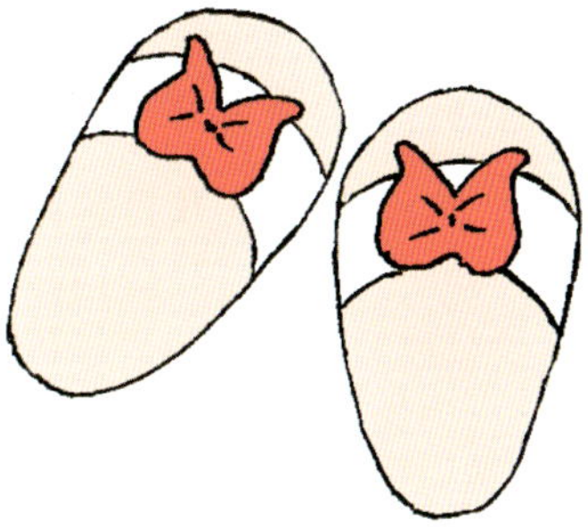

Astuce

VOUS POUVEZ ÉGALEMENT OMETTRE LE NŒUD DU DESSUS DE LA SANDALE OU ORNER CELLE-CI DE PAILLETTES ET DE PERLES DE ROCAILLE.

GABARITS
Jolie baigneuse

Utiliser également les gabarits de la poupée de base (voir Confectionner la poupée de base).
Les gabarits de ce livre sont tous fournis grandeur nature.

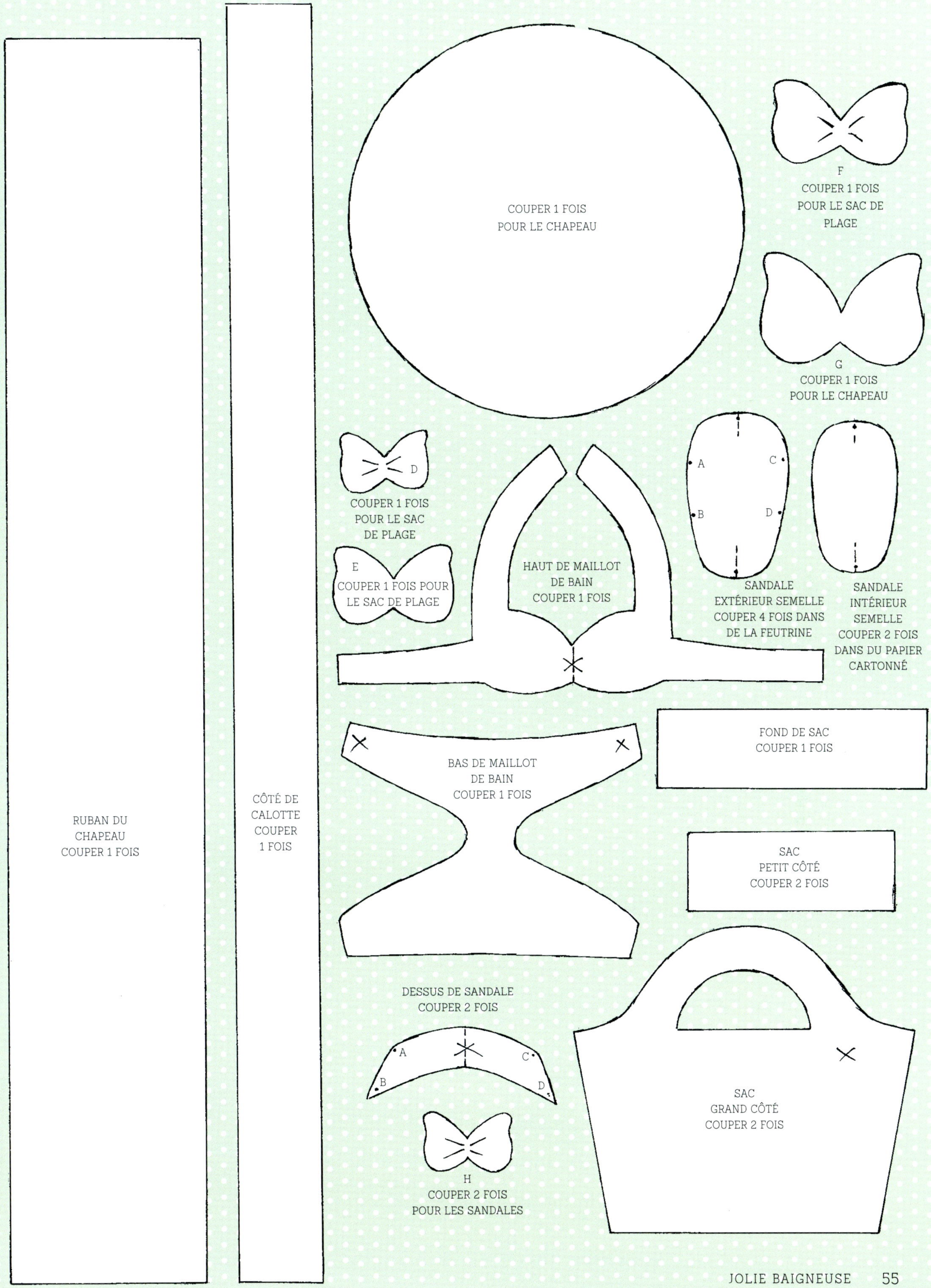
RUBAN DU CHAPEAU COUPER 1 FOIS
CÔTÉ DE CALOTTE COUPER 1 FOIS
COUPER 1 FOIS POUR LE CHAPEAU
F
COUPER 1 FOIS POUR LE SAC DE PLAGE
G
COUPER 1 FOIS POUR LE CHAPEAU
D
COUPER 1 FOIS POUR LE SAC DE PLAGE
E
COUPER 1 FOIS POUR LE SAC DE PLAGE
HAUT DE MAILLOT DE BAIN COUPER 1 FOIS
A
B
C
D
SANDALE EXTÉRIEUR SEMELLE COUPER 4 FOIS DANS DE LA FEUTRINE
SANDALE INTÉRIEUR SEMELLE COUPER 2 FOIS DANS DU PAPIER CARTONNÉ
BAS DE MAILLOT DE BAIN COUPER 1 FOIS
FOND DE SAC COUPER 1 FOIS
SAC PETIT CÔTÉ COUPER 2 FOIS
DESSUS DE SANDALE COUPER 2 FOIS
A
B
C
D
SAC GRAND CÔTÉ COUPER 2 FOIS
H
COUPER 2 FOIS POUR LES SANDALES

DANSEUSE *étoile*

CETTE PETITE DANSEUSE EST VÊTUE D'UN JUSTAUCORPS ROSE À L'ENCOLURE BORDÉE DE PAILLETTES ET DE PERLES DE ROCAILLE SCINTILLANTES. SON TUTU VOLUMINEUX ET LÉGER EST COMPOSÉ D'UNE DOUZAINE DE BANDES DE TULLE NOUÉES SUR UN SIMPLE RUBAN. SES CHAUSSONS DE DANSE SONT MAINTENUS PAR DES RUBANS FINS CROISÉS SUR SES JAMBES ET NOUÉS SOUS SES GENOUX. POUR TERMINER, SES CHEVEUX SONT COIFFÉS EN CHIGNON À L'AIDE D'UNE PETITE BARRETTE ORNÉE D'UNE FLEUR.

FOURNITURES *nécessaires*

- FOURNITURES DE LA POUPÉE DE BASE (VOIR CONFECTIONNER LA POUPÉE DE BASE)
- 1 PETITE AGRAFE
- 1 BARRETTE EN MÉTAL DE 2 CM DE LONG
- 4 OU 5 PETITES PINCES À CHEVEUX

COUPE ET ASSEMBLAGE

1 Suivre l'explication de la poupée de base jusqu'à l'étape 10 des cheveux (voir Confectionner la poupée de base).

CHEVEUX

1 Pour faire le chignon, commencer par réunir les cheveux sur la nuque en les lissant soigneusement, puis les torsader sur toute la longueur.

2 Enrouler la torsade de cheveux à l'arrière de la tête pour former un chignon et rentrer l'extrémité des cheveux dessous. Maintenir la base du chignon en place à l'aide de pinces à cheveux.

3 Enfiler une longue aiguille avec deux brins de fil à broder mouliné de la couleur des cheveux. Coudre le chignon en place, puis retirer les pinces.

BODY

1 Avec un marqueur effaçable à l'air, reporter les repères du gabarit du justaucorps sur la pièce de feutrine correspondante. Coudre une paillette et une perle de rocaille sur chaque point situé autour de l'encolure.

2 Plier le justaucorps en superposant son devant et son dos. Épingler les épaules et les assembler au point de feston (voir Guide des points) (voir **fig. A**).

3 Coudre les côtés du justaucorps au point de feston (voir Guide des points), en allant des points situés sous les emmanchures jusqu'en bas (voir **fig. A**).

4 Surfiler au point de feston les bords de l'encolure, des emmanchures et des ouvertures des jambes, pour les renforcer et éviter qu'ils se déforment au moment d'habiller la poupée (voir **fig. A**).

A

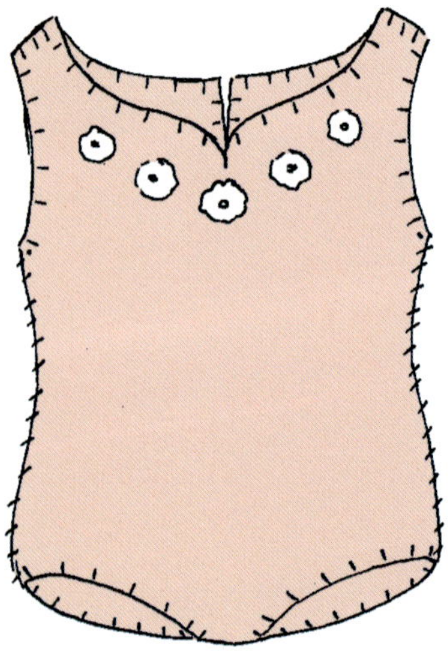

5 Pour finir le justaucorps, coudre une agrafe au dos de l'encolure. Enfiler le justaucorps sur la poupée (il est possible que cela écarte légèrement les bras du corps de la poupée, comme dans l'exemple photographié précédemment).

TUTU

1 Nouer le ruban de 1 cm de large autour de la taille de la poupée en faisant un joli nœud dans son dos. À l'aide d'un marqueur effaçable à l'air, dessiner un point sur le ruban de chaque côté du nœud pour délimiter la zone à couvrir de tulle.

2 Couper le tulle en bandes. Nouer les bandes sur le ruban comme montré ci-dessous, jusqu'à ce qu'il soit couvert de tulle entre les deux points (voir **fig. B**).

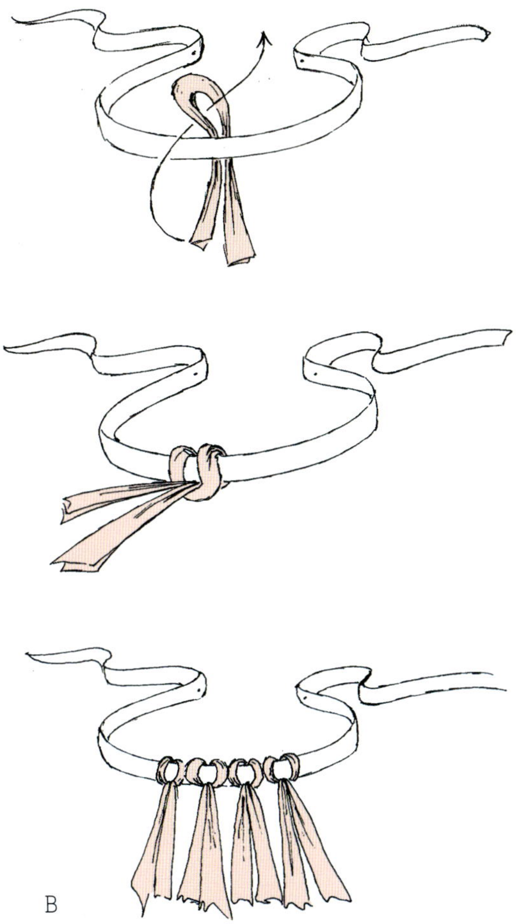

B

3 Enfiler le tutu sur la poupée et ajouter des bandes de tulle, si nécessaire, pour obtenir un joli volume. Recouper les bandes de tulle pour égaliser les bords du tutu (voir **fig. C**)

C

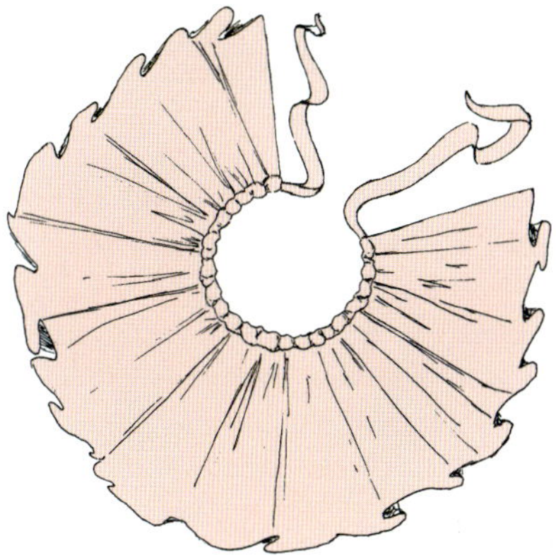

CHAUSSONS DE DANSE

1 Avec un marqueur effaçable à l'air, reporter les points des gabarits des chaussons sur les pièces de feutrine correspondantes.

2 Pour faire un chausson, surfiler le bord interne d'un dessus de chausson, puis coudre une paillette et une perle de rocaille sur le point situé près de ce bord (voir **fig. D**).

D

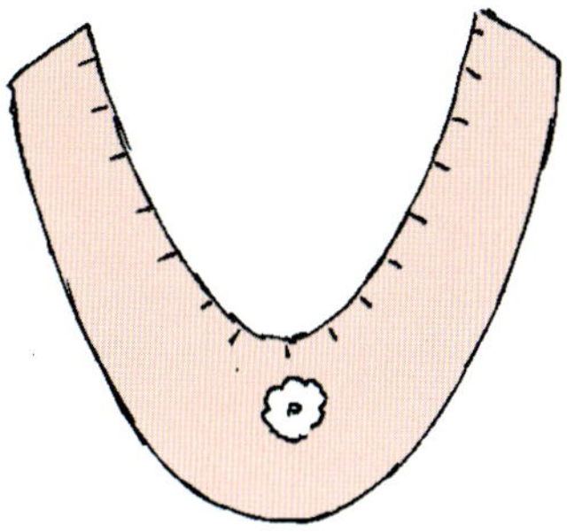

3 Plier le dessus de chausson et coudre ses extrémités au point de surjet (voir **fig. E**).

E

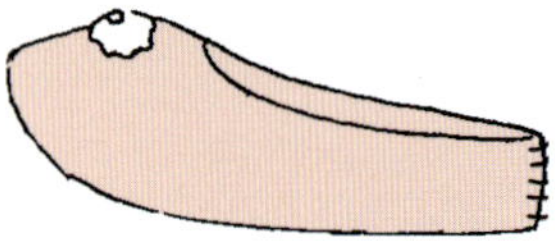

4 Placer une semelle sous le dessus de chausson, en alignant les points de leurs extrémités, puis assembler leurs bords au point de feston (voir **fig. F**).

F

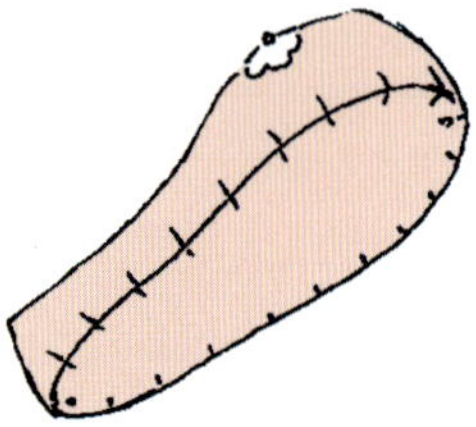

5 Chaque chausson nécessite deux rubans. Commencer par couper le ruban de 5 mm de large en quatre morceaux de 25 cm. Coudre deux rubans à l'intérieur d'un chausson, de part et d'autre de la couture de son talon (voir **fig. G**).

G

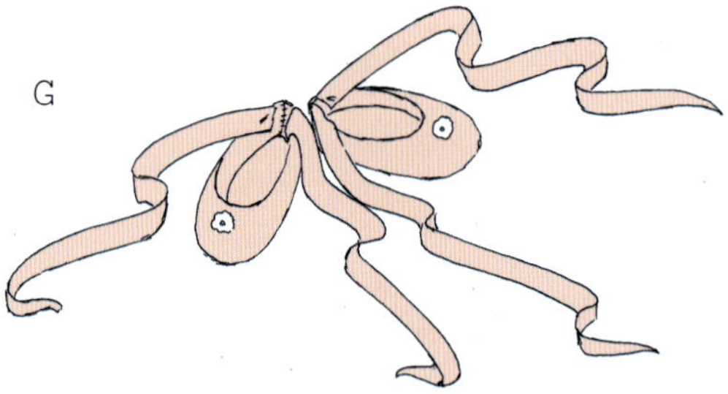

6 Enfiler le chausson à la poupée. Enrouler les rubans autour de sa jambe en terminant par un joli nœud à l'arrière du mollet.

7 Répéter les étapes 1 à 6 pour faire l'autre chausson.

BARRETTE À FLEURS

1 Coudre la feuille sur le support des fleurs (voir **fig. H**).

H

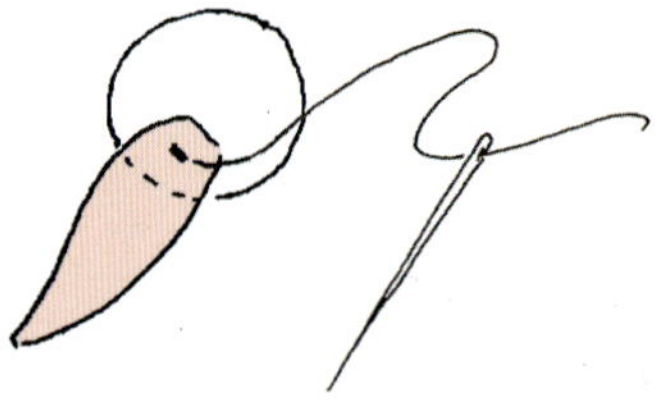

2 Placer une fleur sur le support, à cheval sur la feuille, puis la coudre en piquant en son centre. Coudre une perle de rocaille au centre de la fleur.

3 Tirer le fil sur l'envers du support. Placer la seconde fleur à cheval sur la première, puis la coudre en place à l'aide d'un ou deux petits points. Coudre une perle de rocaille au centre de la seconde fleur (voir **fig. I**).

I

4 Coudre la barrette sous les fleurs, puis la fixer sur la poupée (voir **fig. J**).

J

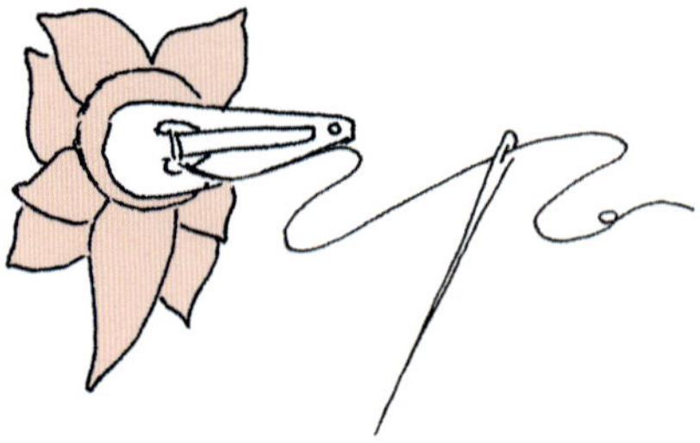

GABARITS
Danseuse étoile

Utiliser également les gabarits de la poupée de base (voir Confectionner la poupée de base).
Les gabarits de ce livre sont tous fournis grandeur nature.

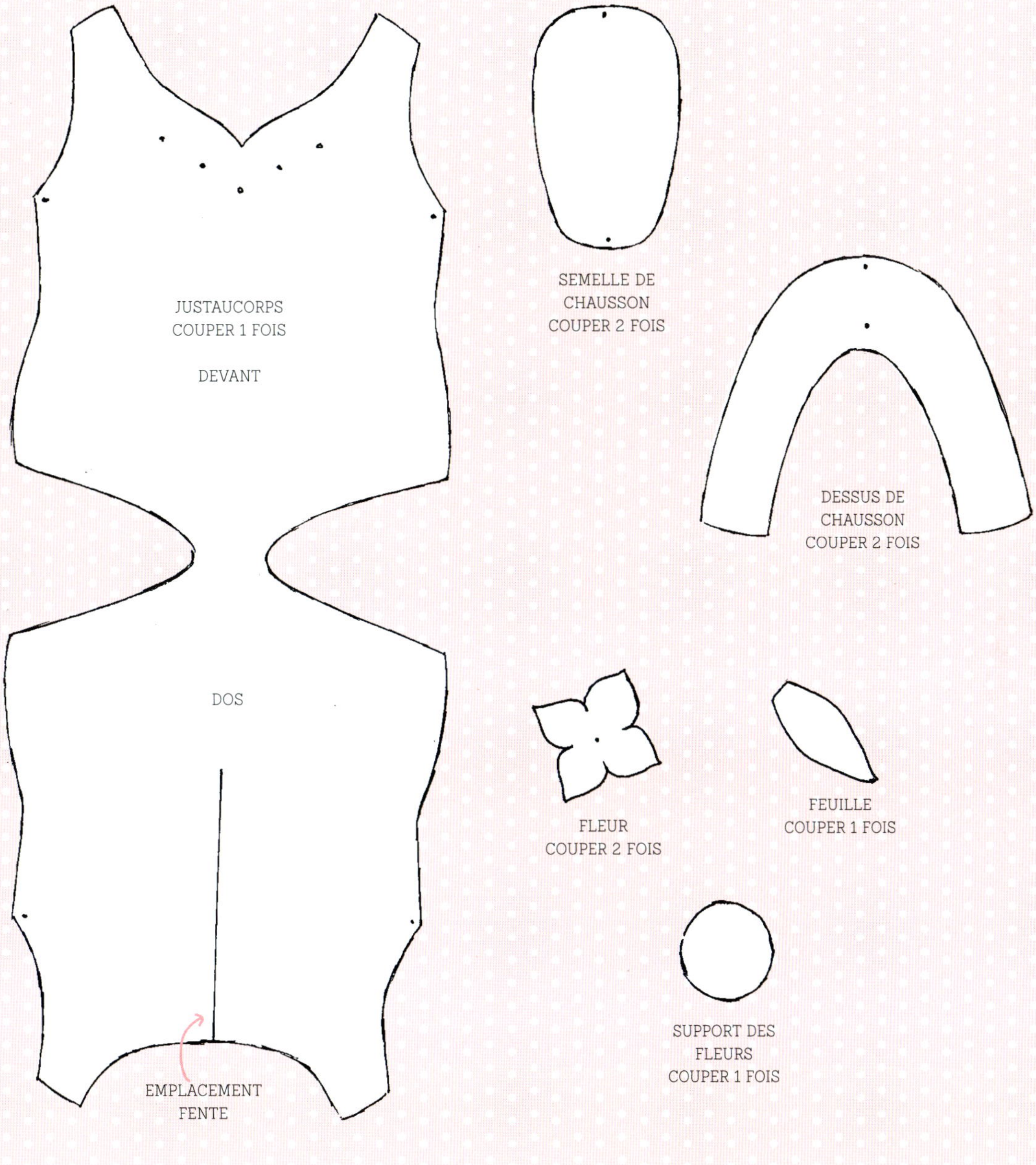

PETITE *princesse*

QUI N'A JAMAIS RÊVÉ D'ÊTRE UNE PRINCESSE POUR UNE JOURNÉE, AVEC UN DIADÈME ÉTINCELANT ET DES PANTOUFLES SCINTILLANTES ! CETTE RAVISSANTE POUPÉE, QUI S'ENTRAÎNE À FAIRE DES PIROUETTES ET DES RÉVÉRENCES, EST TOUT SIMPLEMENT ADORABLE AVEC SON CORSAGE BRODÉ ET SA JOLIE JUPE ORNÉE DE PERLES.

FOURNITURES *nécessaires*

- FOURNITURES DE LA POUPÉE DE BASE (VOIR CONFECTIONNER LA POUPÉE DE BASE)
- FILS À BRODER MOULINÉ, MÉTALLISÉ ET CLASSIQUE
- PERLES DE ROCAILLE
- PAILLETTES
- 2 BOUTONS-PRESSION DE 5 MM DE DIAMÈTRE POUR LE CORSAGE
- COLLE BLANCHE
- 1 PETITE AGRAFE POUR LA JUPE
- CRAYON
- TUBE EN CARTON D'UN ROULEAU D'ESSUIE-TOUT OU DE PAPIER TOILETTE

REPORT DES GABARITS ET COUPE

1 Suivre la section Report des gabarits et coupe de l'explication de la poupée de base (voir Confectionner la poupée de base), en utilisant le gabarit du visage fourni page 68.

TÊTE

1 Avec un marqueur effaçable à l'air, reporter les repères du gabarit du visage sur la pièce de feutrine correspondante.

2 Avec un brin de fil à broder mouliné, broder les yeux au point de tige (voir Guide des points). Pour le grain de beauté, faire deux petits points lancés côte à côte, juste sous l'œil gauche.

3 Broder au point de tige la commissure et le contour des lèvres. Remplir la lèvre supérieure, puis la lèvre inférieure au point de passé plat (voir Guide des points).

4 Suivre les étapes 5 et 6 de l'explication de la tête de la poupée de base, en omettant les cils.

ASSEMBLAGE DE LA POUPÉE DE BASE

1 Suivre l'explication de la poupée de base, de l'étape 1 de l'assemblage de la tête à l'étape 10 des cheveux.

CORSAGE

1 Avec un marqueur effaçable à l'air, reporter les points et les lignes du gabarit du corsage sur la pièce de feutrine correspondante.

2 Avec du fil à broder métallisé, broder des lignes au point de tige (voir Guide des points) entre les points du haut et du bas du devant du corsage, puis coudre une perle de rocaille sur chacun de ces points (voir **fig. A**).

3 Plier le corsage le long des épaules, envers contre envers. Épingler les côtés du corsage, puis les assembler au point de surjet (voir Guide des points), en allant des points situés sous les emmanchures jusqu'en bas (voir **fig. A**).

4 Surfiler au point de feston (voir Guide des points) les bords du dos, de l'encolure, du bas et des emmanchures (voir fig. A), pour les renforcer et éviter qu'ils se déforment au moment d'habiller la poupée.

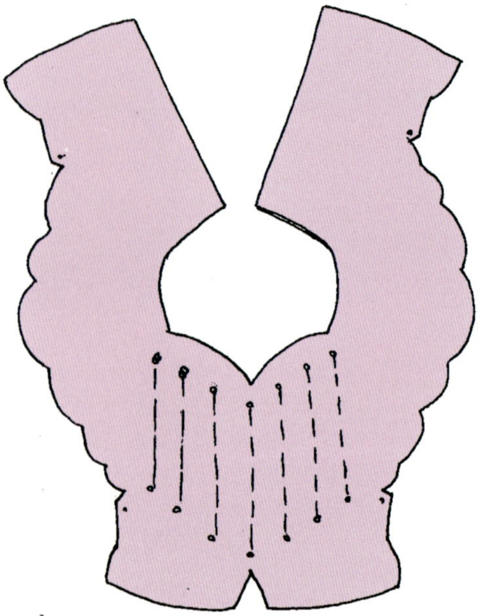

A

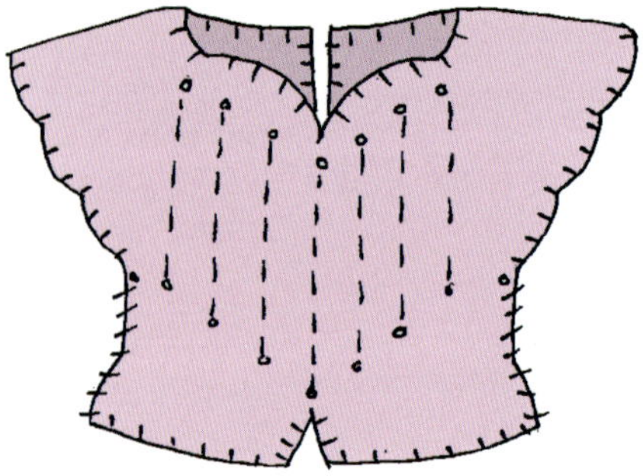

5 Enfiler le corsage sur la poupée en plaçant l'ouverture dans son dos. Déterminer l'emplacement de l'agrafe. Retirer le corsage de la poupée et coudre l'agrafe à l'endroit voulu.

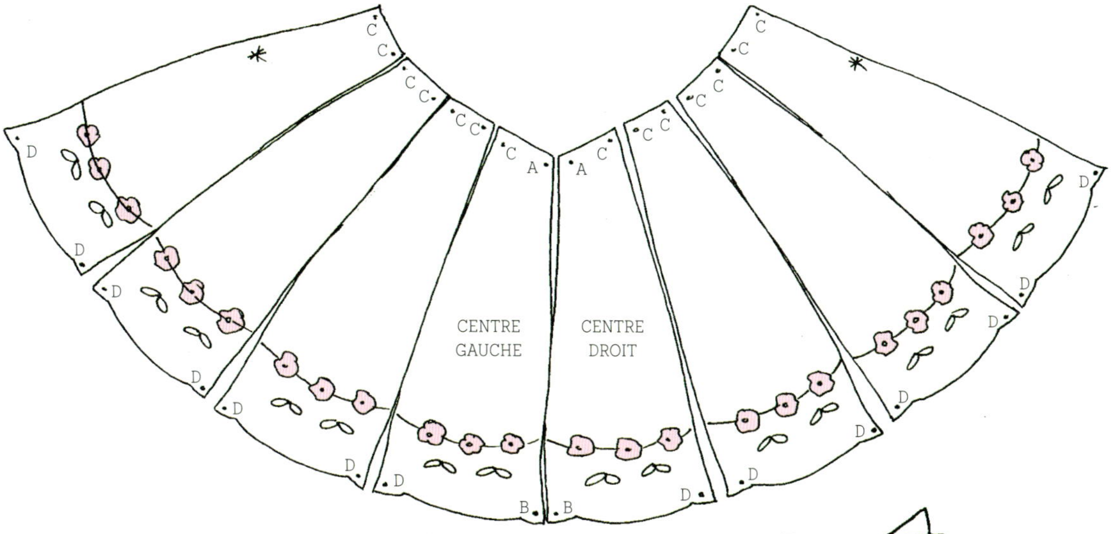

JUPE

1 Pour préparer l'assemblage de la jupe, commencer par poser le gabarit du bas de la jupe sur chacun des panneaux du vêtement, en superposant leurs bords inférieurs et leurs points E. Avec un marqueur effaçable à l'air, reporter les lignes, les points et l'emplacement des feuilles sur chaque panneau.

2 Avec du fil à broder métallisé, broder au point de tige la ligne arrondie du bas de chaque panneau. Coudre une paillette à l'aide d'une perle de rocaille sur chaque point situé sur les lignes arrondies. Broder les feuilles au point de bouclette (voir Guide des points) (voir **fig. B**).

3 Épingler les panneaux du centre du devant de la jupe, endroit contre endroit, puis les assembler au point de feston, entre les points A et B. Pour obtenir une couture nette, coudre au point arrière (voir Guide des points) juste sous la première couture, en faisant chaque point arrière entre deux points de feston (voir **fig. B**).

B

DÉTAIL D'UNE COUTURE
SUR L'ENVERS DU TRAVAIL

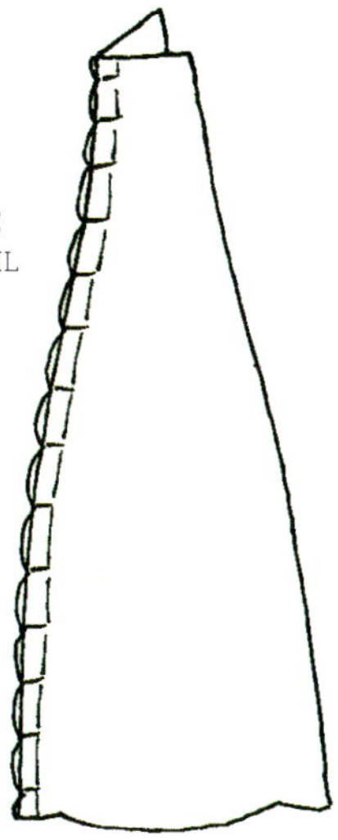

4 Poser un panneau latéral sur le panneau central droit, endroit contre endroit, en alignant leurs points C et D. Épingler les deux panneaux, puis les assembler au point de feston, des points C à D. Faire une couture au point arrière sous les points de feston, comme à l'étape 3 (voir **fig. B**).

5 Répéter l'étape 4 de l'autre côté, en plaçant un panneau latéral sur le panneau central gauche, endroit contre endroit, et en superposant leurs points C et D. Comme précédemment, assembler les bords des panneaux au point de feston, puis au point arrière. Ajouter les panneaux suivants de la même manière jusqu'à obtenir quatre panneaux de chaque côté de la couture centrale (voir **fig. B**).

6 Pour assembler le dos de la jupe, superposer et épingler les panneaux externes, endroit contre endroit, puis les coudre au point de feston et au point arrière, de l'astérisque au point D des gabarits (voir **fig. C**).

C

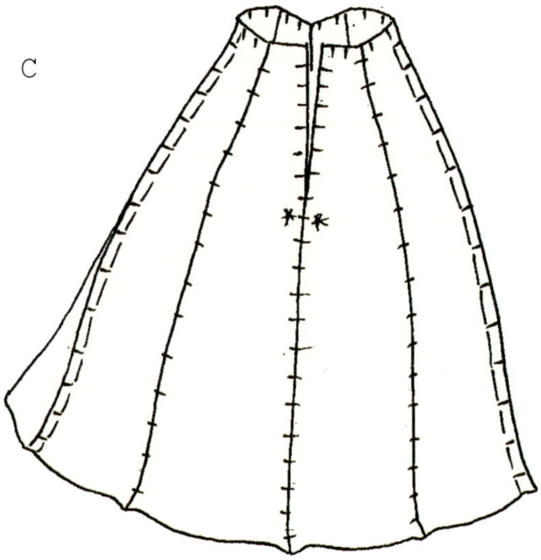

7 Retourner la jupe sur l'endroit. Surfiler le bord de la taille et l'ouverture du dos au point de feston. Fixer une agrafe en haut de l'ouverture du dos.

PANTOUFLES

1 Suivre les étapes 1 à 6 de la confection des chaussures de la poupée en tenue de soirée (voir Grande coquette).

2 Reporter les points A et B du gabarit du dessus de pantoufle sur les pièces de feutre correspondantes. Avec du fil à broder métallisé, surfiler au point de feston l'extrémité des dessus de pantoufles, entre les points A, puis les bords opposés, entre les points B (voir **fig. D**).

3 Coudre des perles de rocaille sur les points situés près du bord interne des dessus de pantoufles.

4 Épingler les dessus de pantoufles et leurs semelles en alignant leurs points A, puis coudre leurs côtés au point de feston, des points A à B (voir **fig. D**).

D

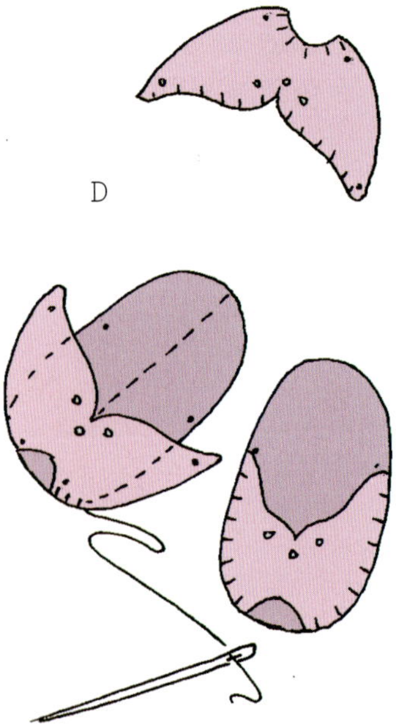

5 Avec un coton-tige, étaler une fine couche de colle sur les dessus des pantoufles, en veillant à ne pas en mettre sur les perles. Parsemer de paillettes. Laisser sécher, puis tapoter pour retirer le surplus de paillettes.

DIADÈME

1 Le diadème est composé de deux pièces externes en feutrine et d'une pièce interne en carton. Pour celle-ci, reporter le gabarit de l'intérieur du diadème sur l'extrémité d'un tube en carton (pour donner au bijou une forme arrondie) et couper le carton à l'aide de ciseaux bien aiguisés. À l'aide d'un marqueur effaçable à l'air, reporter les repères des gabarits du diadème sur les pièces de feutrine et de carton correspondantes.

2 Coudre des perles de rocaille sur les points tracés sur la pièce de feutrine de l'avant du diadème (voir **fig. E**).

3 Avec un coton-tige, appliquer une fine couche de colle sur la face externe du diadème en carton.

4 Poser la pièce de feutrine de l'avant du diadème sur un plan de travail, envers vers le haut. Placer le diadème en carton sur l'envers de la feutrine, face encollée dessous, en veillant à bien le centrer dessus. Appuyer délicatement sur le carton en allant du centre vers les bords. Le diadème en carton est un peu plus petit que les diadèmes en feutrine pour pouvoir assembler ceux-ci autour de lui (voir **fig. E**).

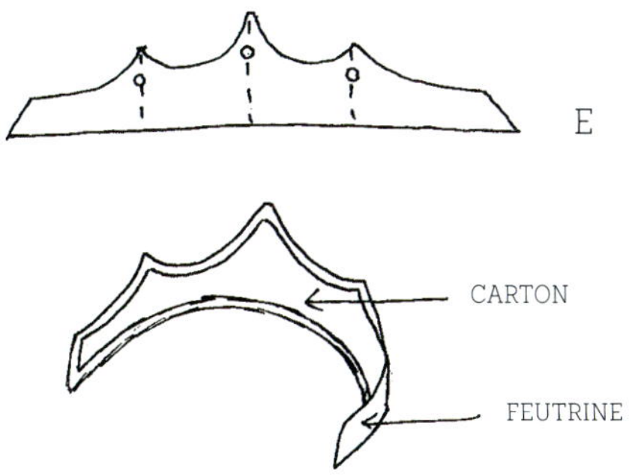

E

5 Appliquer une fine couche de colle sur le carton. Coller le second diadème en feutrine dessus, en superposant ses bords avec ceux de l'avant du diadème. Laisser sécher complètement.

6 Avec du fil à broder métallisé, coudre le pourtour du diadème au point de feston (voir **fig. F**).

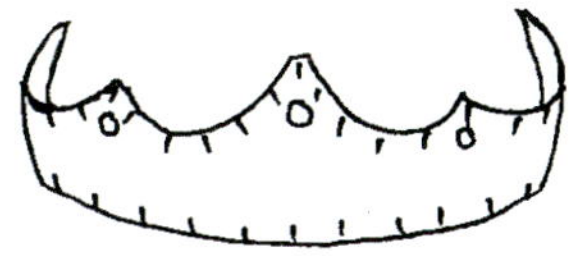

F

7 Pour terminer, avec un coton-tige, étaler une fine couche de colle sur l'avant du diadème, en veillant à ne pas en mettre sur les perles. Parsemer de paillettes. Laisser sécher, puis tapoter pour retirer le surplus de paillettes.

GABARITS
Petite princesse

Utiliser également les gabarits de la poupée de base (voir Confectionner la poupée de base).
Les gabarits de ce livre sont tous fournis grandeur nature.

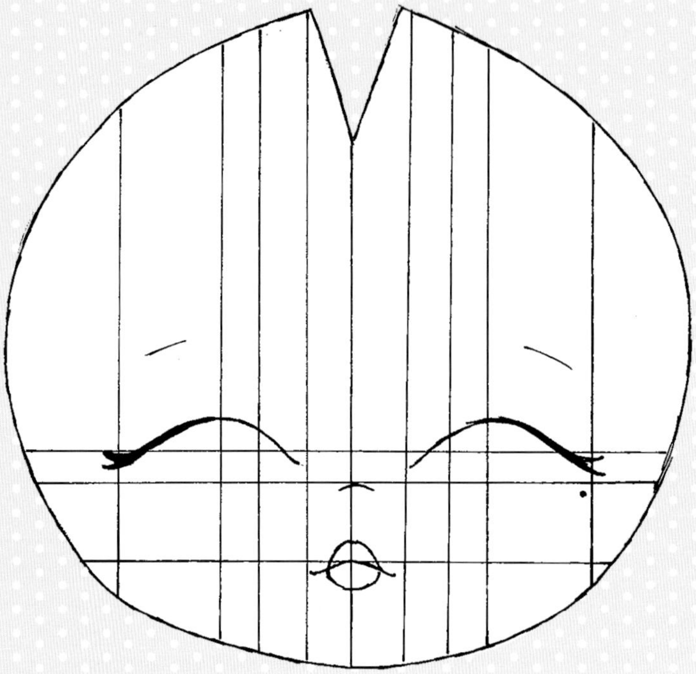

TÊTE
COUPER 1 FOIS

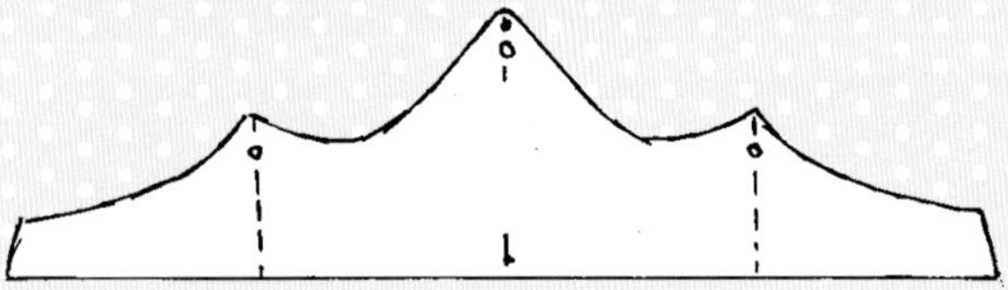

EXTÉRIEUR DIADÈME
COUPER 2 FOIS DANS DE LA FEUTRINE

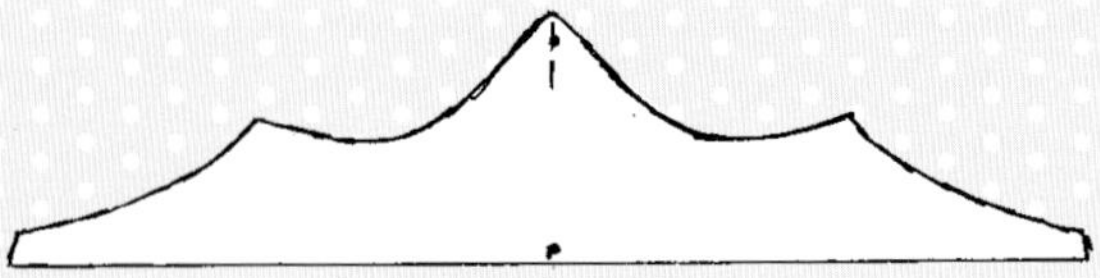

INTÉRIEUR DIADÈME
COUPER 1 FOIS DANS UN TUBE
EN CARTON

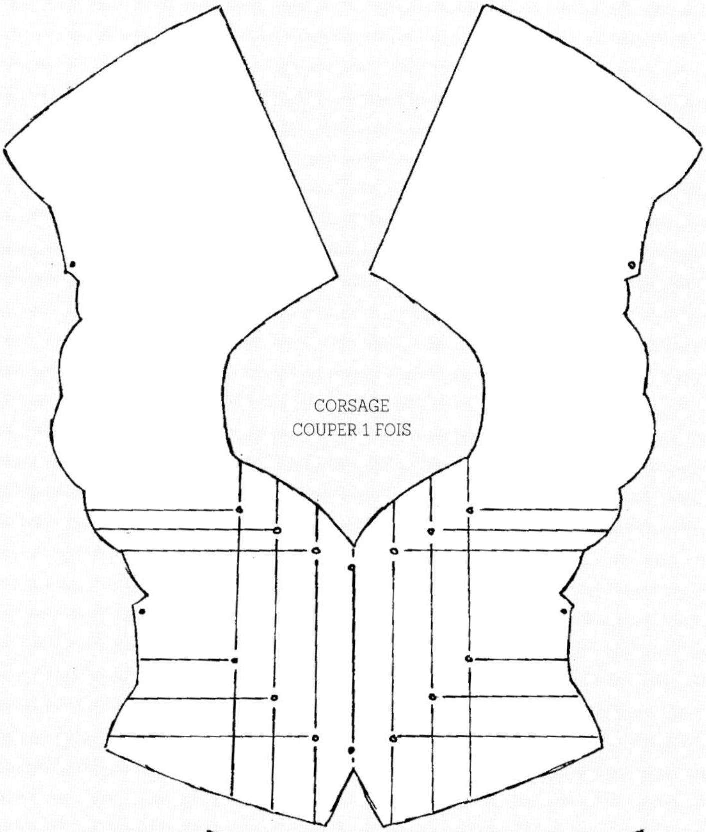

CORSAGE
COUPER 1 FOIS

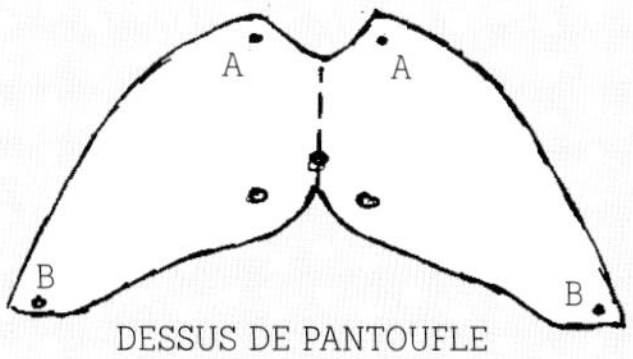

DESSUS DE PANTOUFLE
COUPER 2 FOIS

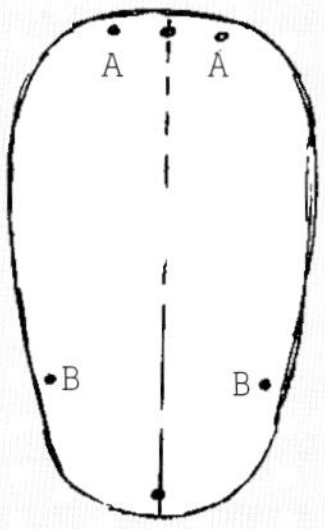

PANTOUFLE
EXTÉRIEUR SEMELLE
COUPER 4 FOIS DANS
DE LA FEUTRINE

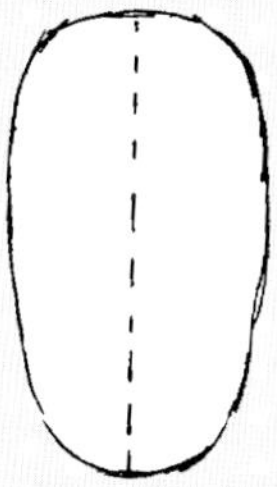

PANTOUFLE
INTÉRIEUR SEMELLE
COUPER 2 FOIS DANS
DU PAPIER CARTONNÉ

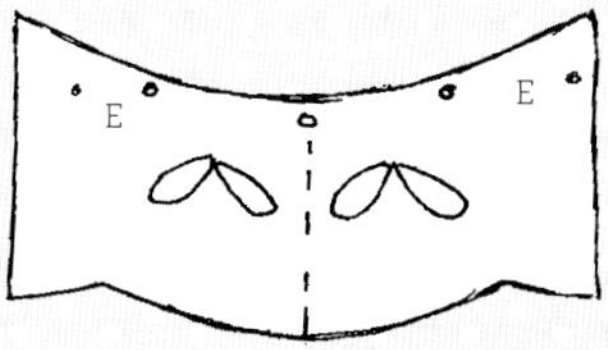

BAS JUPE

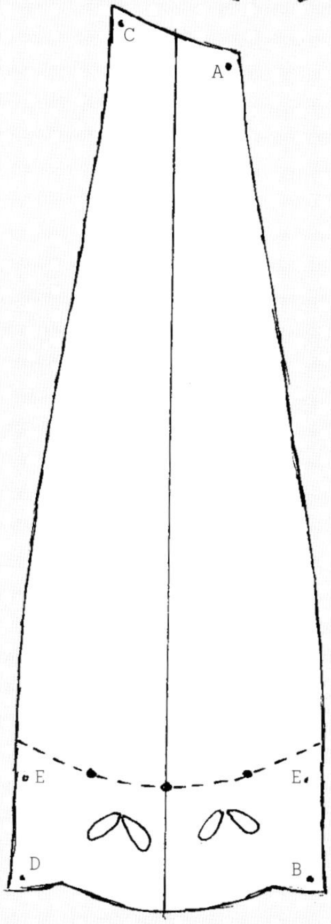

PANNEAU CENTRAL GAUCHE JUPE
COUPER 1 FOIS

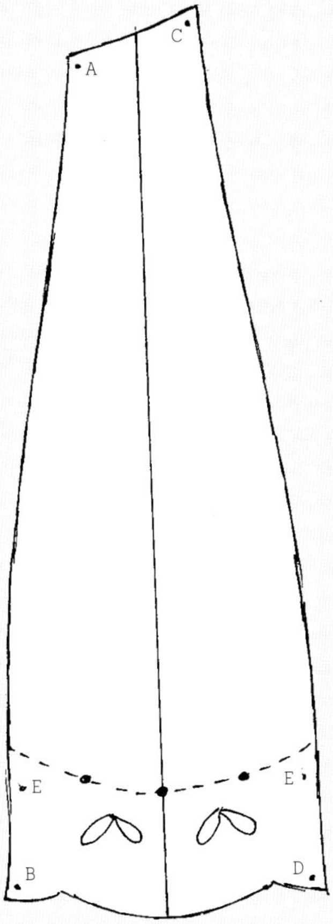

PANNEAU CENTRAL DROIT JUPE
COUPER 1 FOIS

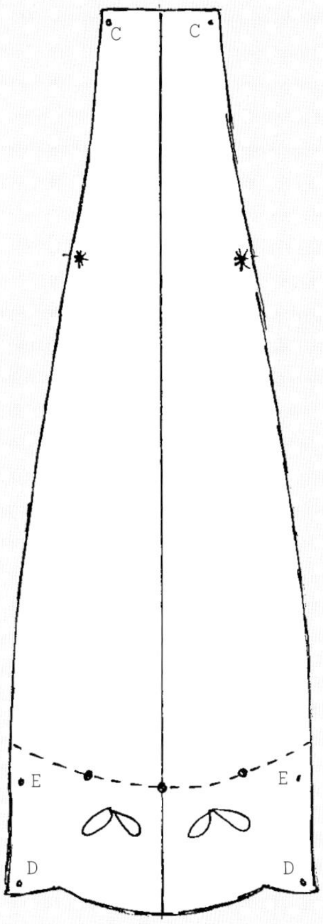

PANNEAU LATÉRAL JUPE
COUPER 6 FOIS

FILLETTE *en pyjama*

LA JOURNÉE A ÉTÉ FATIGANTE ET CETTE ADORABLE PETITE FILLE FAIT DE SON MIEUX POUR NE PAS S'ENDORMIR AVANT QUE SON PÈRE LUI AIT LU UNE HISTOIRE. ELLE EST PRÊTE À ALLER SE COUCHER AVEC SON PETIT OURS DANS SON LIT DOUILLET, OÙ ELLE S'ENDORMIRA EN ÉCOUTANT SON CONTE DE FÉES PRÉFÉRÉ. SON JOLI PYJAMA EST BORDÉ DE DENTELLE ET SES MIGNONS PETITS CHAUSSONS EN FORME DE LAPIN SONT AUSSI AMUSANTS QUE FACILES À FAIRE !

FOURNITURES *nécessaires*

- FOURNITURES DE LA POUPÉE DE BASE (VOIR CONFECTIONNER LA POUPÉE DE BASE)
- CHUTES DE FEUTRINE POUR LES FLEURS ET LES DÉTAILS DU HAUT DU PYJAMA
- 50 CM DE BORDURE ÉLASTIQUE EN DENTELLE
- 50 CM DE BIAIS DE 6 MM DE LARGE POUR LES CHEVEUX
- PERLES DE ROCAILLE
- 1 PETITE AGRAFE
- 1 ŒIL DE SÉCURITÉ DE 4,5 MM DE DIAMÈTRE
- COLLE ANTI-EFFILOCHAGE
- 5 X 15 CM DE PAPIER CARTONNÉ POUR LA SEMELLE DES CHAUSSONS
- 10 CM DE BIAIS ET 10 CM DE RUBAN DE COULEURS DIFFÉRENTES

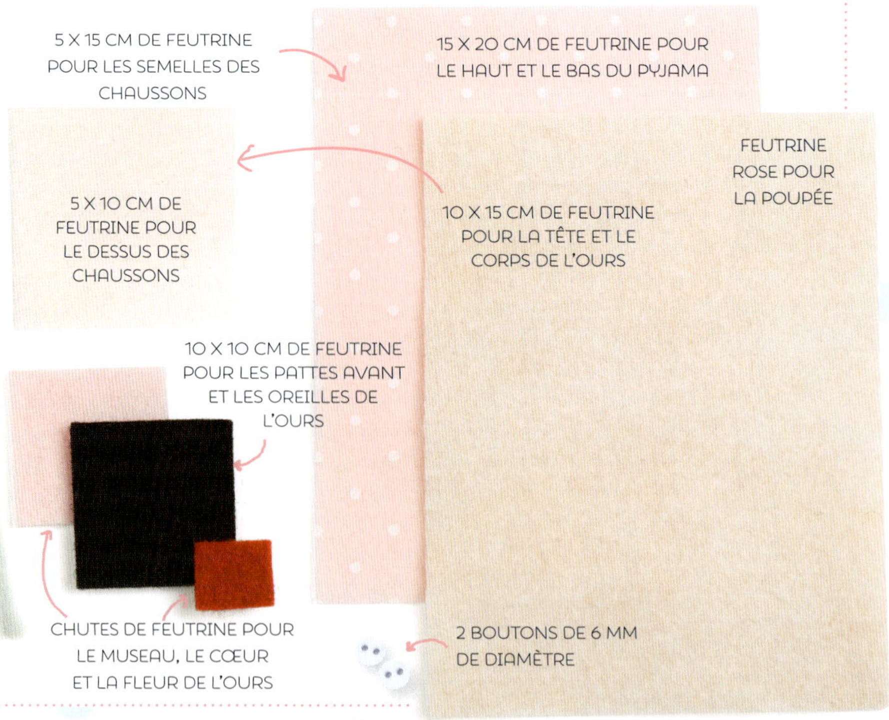

COUPE ET ASSEMBLAGE

1 Suivre l'explication de la poupée de base jusqu'à l'étape 10 des cheveux (voir Confectionner la poupée de base).

CHEVEUX

1 Pour coiffer la poupée, diviser les cheveux au milieu du dos. Faire des couettes et attacher chaque couette à l'aide de 25 cm de biais de 6 mm de large.

HAUT DU PYJAMA

1 Avec un marqueur effaçable à l'air, reporter tous les points, repères et lignes du gabarit du haut du pyjama sur la pièce de feutrine correspondante.

2 Coudre un bouton sur chaque X du devant du haut du pyjama. Épingler une bande festonnée sur les lignes tracées de part et d'autre des boutons, puis les coudre à petits points droits en piquant en leur centre (voir Guide des points) (voir **fig. A**).

3 Épingler les pièces du dos du haut du pyjama sur les côtés correspondants du devant, envers contre envers, et assembler les épaules au point de feston (voir Guide des points). Surfiler au point de feston les bords de l'ouverture du dos et de l'encolure (voir **fig. A**).

4 Mesurer le bord des emmanchures et couper des bordures en dentelle de la même longueur. Épingler la dentelle au bord des emmanchures, sur l'envers de la feutrine, puis les coudre en place à petits points droits (voir **fig. A**) pour former des mancherons.

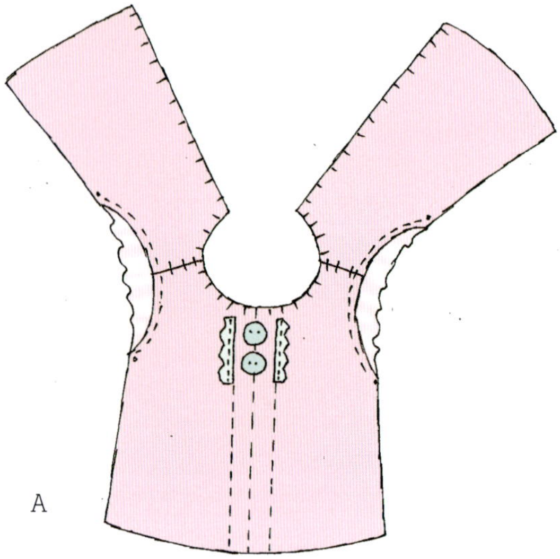

A

5 Assembler les côtés du haut du pyjama au point de surjet (voir Guide des points), en allant des points situés sous les emmanchures jusqu'en bas (voir **fig. B**).

6 Mesurer le bord du bas de l'ouvrage et couper une bordure en dentelle de la même longueur. Épingler la dentelle au bas du travail, sur l'envers de la feutrine, puis la coudre en place à tous petits points (voir **fig. B**).

B

7 Coudre une agrafe en haut du dos du pyjama.

BAS DU PYJAMA

1 Superposer le devant et le dos du bas du pyjama, envers contre envers, puis coudre leurs côtés et l'entrejambe au point de surjet. Surfiler le bord de la taille au point de feston.

2 Mesurer le diamètre des jambes et couper deux bordures en dentelle de cette longueur. Épingler la dentelle au bord des jambes, sur l'envers de la feutrine, puis les assembler à tous petits points (voir **fig. C**).

C

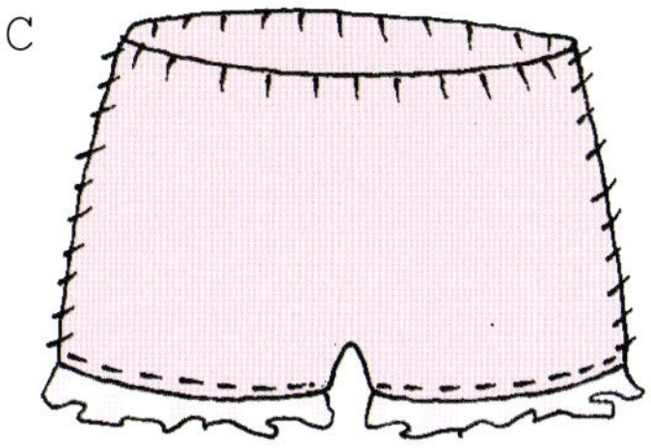

CHAUSSONS LAPIN

1 Chaque chausson nécessite une semelle en papier cartonné et deux semelles, un dessus de chausson et une fleur en feutrine. Avec un marqueur effaçable à l'air, reporter les points, le X et les lignes des gabarits sur les pièces de feutrine correspondantes.

2 Pour réaliser la semelle d'un chausson, déposer un peu de colle sur du papier brouillon et utiliser un coton-tige pour appliquer une fine couche de colle sur l'une des faces d'une semelle en papier cartonné. Coller la semelle en papier cartonné sur une semelle en feutrine, en alignant les points de leurs extrémités.

3 Appliquer une fine couche de colle sur l'autre face de la semelle en papier cartonné, puis placer la seconde semelle en feutrine dessus, en alignant leurs points (voir **fig. D**). Répéter pour le second chausson et laisser sécher la colle.

4 Pour finir les semelles, coudre leur pourtour au point de feston (voir **fig. E**).

D

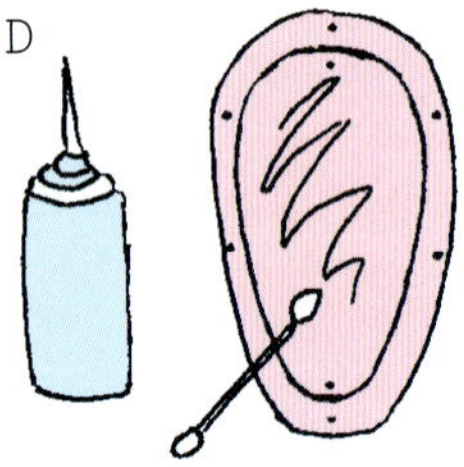

E

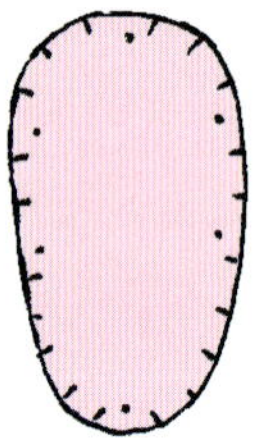

5 Pour terminer le premier chausson, surfiler chaque côté du dessus de chausson du point A au point B (voir **fig. F**).

6 Broder les yeux et le nez du lapin. À l'aide d'un crayon de couleur rose, ajouter un peu de couleur aux joues et à l'intérieur des oreilles.

7 Épingler un dessus de chausson sur la semelle, en alignant les points de leurs extrémités. Coudre un côté du dessus de chausson à la semelle au point de feston, en allant du point de l'extrémité jusqu'au point B. Répéter de l'autre côté (voir **fig. F**).

F

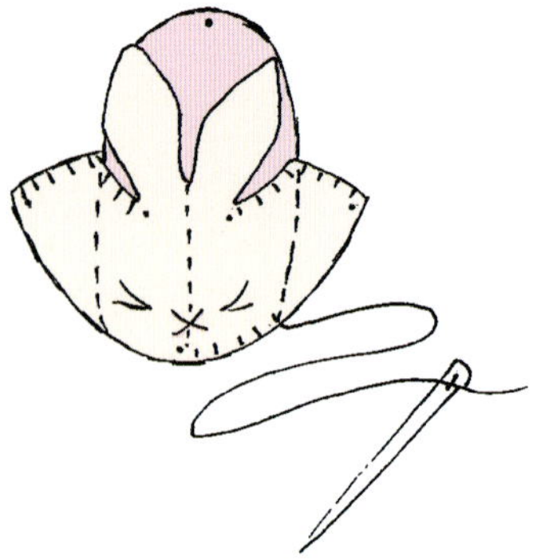

8 Coudre une fleur sous l'oreille qui sera située vers l'extérieur du pied, en ajoutant une perle de rocaille en son centre (voir **fig. G**).

9 Répéter les étapes 5 à 8 pour terminer l'autre chausson (voir **fig. G**).

G

TÊTE DE L'OURS

1 Avec un marqueur effaçable à l'air, reporter les repères des gabarits de l'ours sur sa tête, son museau et son corps, en prenant une règle pour tracer les lignes de la tête et du corps.

2 Broder un petit nez sur le museau, puis coudre le museau sur la tête à points glissés (voir Guide des points) (voir **fig. H**).

3 Avec la pointe de ciseaux à broder ou un poinçon, faire un trou minuscule au centre du X le plus petit, en faisant attention à ne pas se blesser (voir **fig. H**).

4 Fixer un œil de sécurité dans le trou, en veillant à glisser sa rondelle anti-arrachement le plus loin possible sur sa tige (voir **fig. H**). Si souhaité, recouper la tige de l'œil à environ 4 mm de la rondelle anti-arrachement à l'aide d'une pince coupante.

5 Broder une croix au point lancé (voir Guide des points) à la place de l'œil manquant, puis broder un petit cil à l'angle externe de l'œil et des sourcils, juste au-dessus de l'œil et de la croix (voir **fig. H**).

6 Avec un crayon de couleur rose, colorer légèrement les joues de l'ours. Coudre la fleur au-dessus d'un des sourcils, en plaçant une perle de rocaille en son centre (voir **fig. H**).

H

7 Épingler le devant et le dos de la tête, envers contre envers. Assembler le pourtour de la tête au point de feston en commençant en bas et en laissant une ouverture pour la rembourrer.

8 Rembourrer fermement la tête, puis commencer à fermer l'ouverture au point de feston. Si nécessaire, ajouter de la ouate tout en fermant l'ouverture. La tête de l'ours doit être ronde et ferme, sans être rembourrée au point de tirer sur les coutures. Laisser le fil en attente pour assembler la tête au corps ultérieurement.

OREILLES DE L'OURS

1 Assembler le devant et le dos des oreilles au point de feston, en laissant leurs bases ouvertes. Rembourrer légèrement les oreilles et fermer les ouvertures au point de feston.

2 Épingler les oreilles sur la tête et coudre leurs deux faces au point d'échelle (voir Guide des points) sur la couture de la tête.

CORPS DE L'OURS

1 Avec un fil à broder de couleur contrastée, broder à petits points la ligne centrale du gabarit sur le devant et le dos du corps de l'ours (voir **fig. H**).

2 Coudre le cœur au point glissé sur le devant du corps, puis broder quelques points lancés sur ses bords à l'aide de fil noir (voir **fig. H**).

3 Broder quelques points noirs sur le dos du corps pour qu'il ait l'air d'avoir été déchiré et réparé (voir **fig. I**).

4 Superposer le devant et le dos du corps, envers contre envers, puis assembler leurs bords au point de feston, en commençant au bord du cou. Quand la moitié du corps est cousue, rembourrer les pattes arrière, puis terminer la couture au point de feston jusqu'à l'autre côté du cou.

5 Rembourrer fermement le reste du corps. Faire des petits points de fronces (voir Guide des points) au bord de l'ouverture du cou, puis tirer doucement sur le fil pour la resserrer, en ajoutant de la ouate pour remplir le cou. Coudre l'ouverture pour obtenir une bosse ferme et arrondie.

PATTES AVANT DE L'OURS

1 Superposer les pièces de chaque patte, envers contre envers, puis les assembler au point de feston en laissant une ouverture à l'arrière des membres. Rembourrer les pattes, puis fermer les ouvertures au point de feston.

ASSEMBLAGE DE L'OURS

1 Suivre l'explication de la fixation de la tête sur le corps, puis les étapes 1 et 2 de la fixation des bras et des jambes de la poupée de base (voir Confectionner la poupée de base).

COL VOLANTÉ DE L'OURS

1 Superposer les biais, les plier en deux dans le sens de la largeur, puis faire des petits points de fronces juste sous le pli (voir **fig. I**). Déposer une goutte de colle anti-effilochage sur les extrémités du biais pour les empêcher de s'effilocher. Laisser sécher complètement.

2 Épingler l'une des extrémités du col sur la nuque de l'ours (voir **fig. I**). Froncer le ruban et l'épingler autour du cou de l'ours, en juxtaposant ses extrémités sur la nuque.

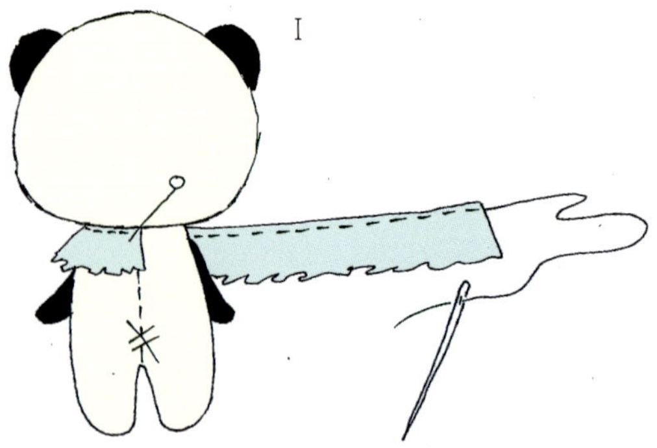

I

3 Coudre le col en place à petits points, en piquant près du pli du col et dans le cou de l'ours.

GABARITS

Fillette en pyjama

Utiliser également les gabarits de la poupée de base (voir Confectionner la poupée de base).
Les gabarits de ce livre sont tous fournis grandeur nature.

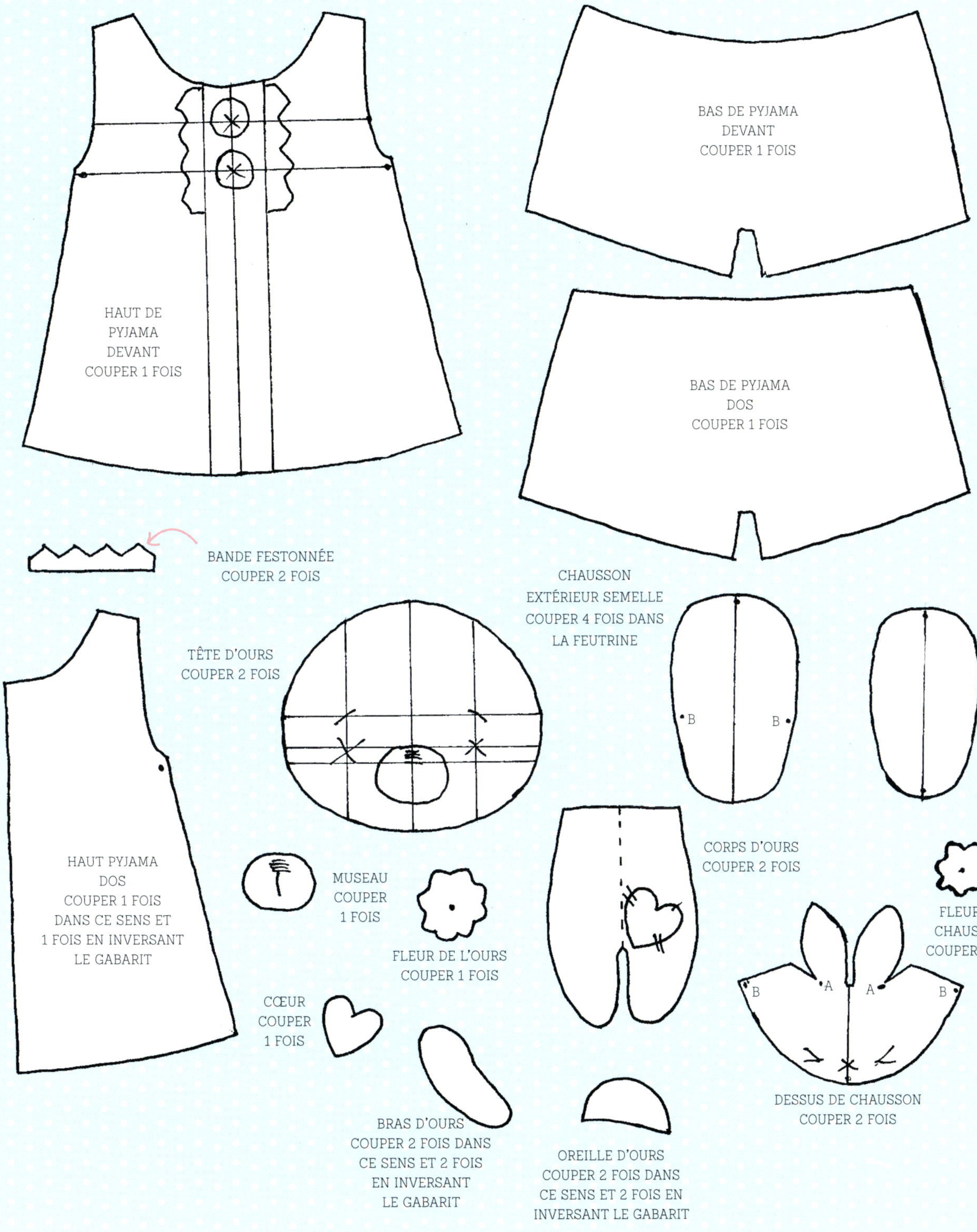

MONSIEUR *Loyal*

« APPROCHEZ ! APPROCHEZ ! BIENVENUE AU CIRQUE, VENEZ VOIR LE PLUS BEAU SPECTACLE DU MONDE ! » CE CHARMANT FORAIN, AVEC SA PETITE MOUSTACHE ET SON AIR JOVIAL, CAPTIVE L'ATTENTION DU PUBLIC PENDANT LA REPRÉSENTATION ! AVEC SA QUEUE-DE-PIE ÉCARLATE, SON CHAPEAU HAUT-DE-FORME PIMPANT ET SA LARGE CEINTURE ORNÉE D'ÉTOILES, IL ANNONCE LE DÉBUT D'UN SPECTACLE INOUBLIABLE !

FOURNITURES *nécessaires*

- FOURNITURES DE LA POUPÉE DE BASE (VOIR COUTURE DE LA POUPÉE DE BASE)
- 8 PERLES DE ROCAILLE POUR LES CHAUSSURES
- PAILLETTES
- 5 BOUTONS-PRESSION DE 5 MM DE DIAMÈTRE
- PEINTURE BLANCHE
- CURE-DENTS PLAT
- COTON-TIGE OU CURE-DENTS DE 2,5 CM COUPÉ EN ÔTANT SES EXTRÉMITÉS

COUPE ET ASSEMBLAGE

1 Suivre l'explication de la section Report des gabarits et coupe de la poupée de base (voir Confectionner la poupée de base), en utilisant les gabarits de la tête et du corps fournis page 84.

TÊTE

1 Avec un marqueur effaçable à l'air, reporter les lignes et les X du gabarit du visage sur la pièce de feutrine correspondante.

2 En s'aidant des lignes, placer la moustache sur le visage, puis la coudre en place à points glissés (voir Guide des points). Répéter pour placer et coudre les sourcils.

3 Broder la bouche au point de tige (voir Guide des points), juste sous la moustache.

4 Suivre les étapes 3 à 6 de la confection de la tête de la poupée de base, sans broder les cils et les sourcils.

ASSEMBLAGE DE LA POUPÉE DE BASE

1 Suivre l'explication de la poupée de base, de l'étape 1 de l'assemblage de la tête jusqu'à l'étape 9 des cheveux.

CHEVEUX

1 Pour la coiffure, couper les cheveux en allant du milieu du dos vers les côtés, puis couper une frange.

VESTE

1 Avec un marqueur effaçable à l'air, reporter les points et les lignes des gabarits de la veste sur les pièces de feutrine correspondantes.

2 Épingler le col sur la veste, en superposant leurs points. En partant du milieu du dos, coudre un côté du col et surfiler le bord inférieur du devant au point de feston (voir Guide des points). Répéter de l'autre côté (voir **fig. A**).

3 Coudre les pinces au point de surjet (voir Guide des points), sur l'envers de la feutrine (voir **fig. A**).

A

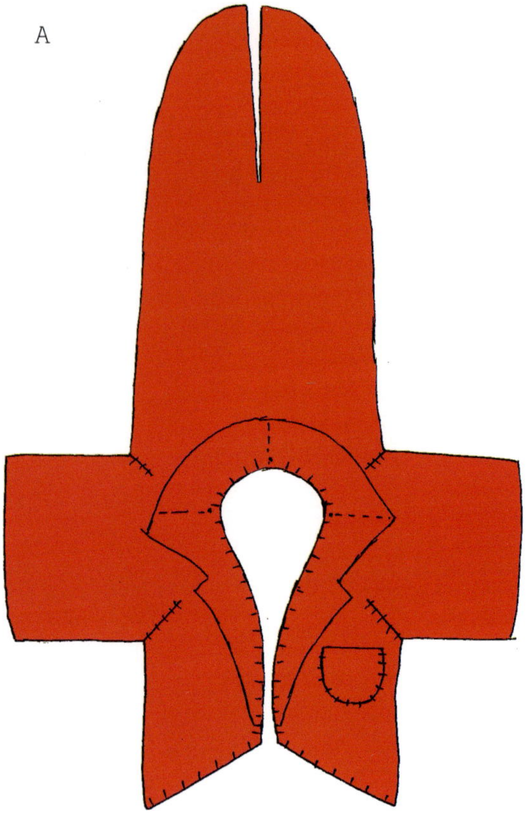

4 Épingler la poche sur le devant de la veste, puis la coudre à points glissés en laissant ouvert son bord supérieur (voir **fig. A**).

5 Plier la veste en deux en superposant les bords des côtés et des dessous des bras, puis assembler ceux-ci au point de surjet (voir **fig. B**).

6 Pour donner l'impression qu'un mouchoir sort de la poche de la veste, couper deux petits triangles dans les chutes de feutrine utilisée pour le ruban du chapeau ou la ceinture et les glisser dans la poche (voir **fig. B**).

B

PANTALON

1 Coudre les pinces du devant et du dos du pantalon au point de surjet, sur l'envers de la feutrine. Superposer le devant et le dos du pantalon, envers contre envers, et assembler leurs côtés, puis l'entrejambe, au point de surjet (voir **fig. C**).

2 Enfiler le pantalon sur la poupée, en plaçant la fente derrière. Déterminer l'emplacement du bouton-pression. Retirer le pantalon de la poupée et coudre le bouton-pression à l'endroit voulu (voir **fig. C**).

C

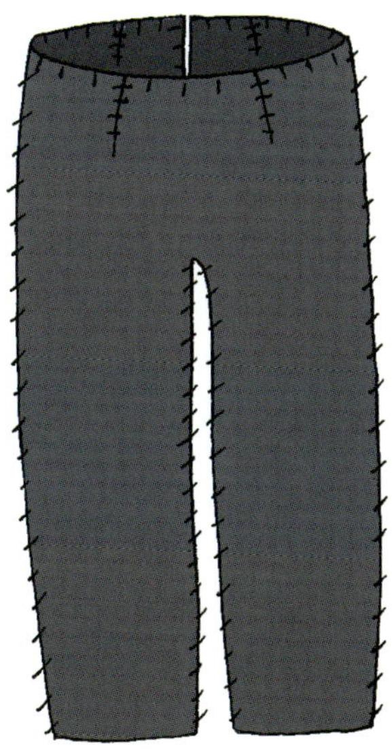

PLASTRON

1 Avec un marqueur effaçable à l'air, reporter le X du gabarit du plastron sur la pièce de feutrine correspondante.

2 Rabattre les angles du col et les repasser délicatement au fer chaud.

3 Coudre le centre du nœud papillon sur le X situé sous le col du plastron (voir **fig. D**).

4 Enfiler le plastron sur la poupée. Déterminer l'emplacement du bouton-pression de son col, puis le coudre à l'endroit voulu (voir **fig. D**).

D

HAUT-DE-FORME

1 Épingler les bords du chapeau l'un sur l'autre, puis surfiler leur pourtour au point de feston pour obtenir un bord solide (voir **fig. E**).

2 Assembler au point de surjet les extrémités du côté de la calotte. Épingler le dessus de la calotte sur l'anneau ainsi formé, puis les assembler au point de feston (voir **fig. E**).

3 Centrer la base de la calotte sur le bord du chapeau et les assembler au point de surjet (voir **fig. E**).

4 Épingler le ruban du chapeau sur le côté de la calotte en superposant leurs extrémités. Le bas du ruban doit être aligné sur la couture du bord du chapeau. Assembler les bords étroits du ruban au point de surjet, puis coudre ses bords longs à petits points sur le côté de la calotte (voir **fig. E**).

5 Appliquer un peu de colle sur les étoiles du ruban à l'aide d'un cure-dents plat, puis les saupoudrer de paillettes. Laisser sécher, puis tapoter pour retirer le surplus de paillettes.

E

CHAUSSURES

1 Avec un marqueur effaçable à l'air, reporter les repères et les lignes des gabarits des chaussures sur les pièces de feutrine correspondantes.

2 Pour réaliser une chaussure, coudre quatre perles de rocaille sur les points d'un dessus de chaussure, puis, avec un fil à broder mouliné de couleur contrastée, broder une croix entre les perles (voir **fig. F**).

3 Plier le dessus de chaussure en deux, assembler ses extrémités au point de surjet, puis surfiler son bord interne au point de feston (voir **fig. F**).

4 Placer le dessus de chaussure sur une semelle en alignant les points de leurs extrémités, puis les assembler au point de feston (voir **fig. F**).

5 Enfiler la chaussure à la poupée. Coudre l'extrémité étroite d'une lanière sur le côté du dessus de chaussure qui sera situé vers l'intérieur du pied. Broder une boucle sur l'autre l'extrémité de la lanière. Coudre la partie mâle d'un bouton-pression sous la partie brodée et sa partie femelle sur le côté correspondant du dessus de chaussure (voir **fig. F**).

6 Répéter les étapes 2 à 5 pour faire l'autre chaussure.

F

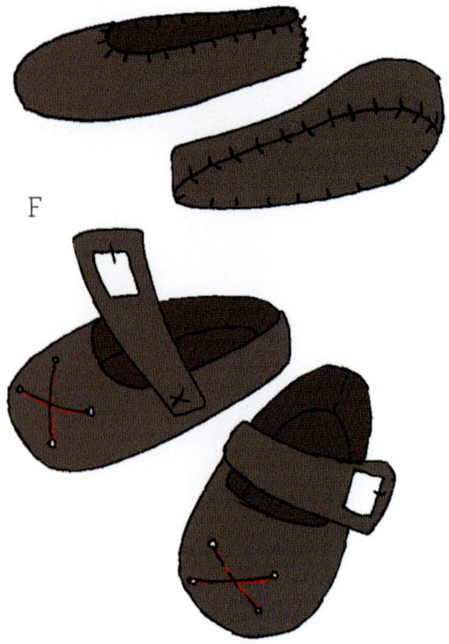

CEINTURE

1 Coudre un bouton-pression sur les extrémités de la ceinture, puis mettre la ceinture à la poupée.

BAGUETTE

1 Plier en deux la pièce de feutrine de la baguette, dans le sens de la longueur. Coudre les bords du tube ainsi formé, en commençant par son extrémité à angle droit. Glisser un morceau de coton-tige ou de cure-dents dans le tube, puis terminer la couture de l'extrémité arrondie (voir **fig. G**).

2 Plonger 4 mm de l'extrémité arrondie de la baguette dans de la peinture blanche. Saupoudrer l'extrémité peinte de paillettes. Tapoter pour retirer le surplus de paillettes (voir **fig. G**) et laisser sécher complètement.

G

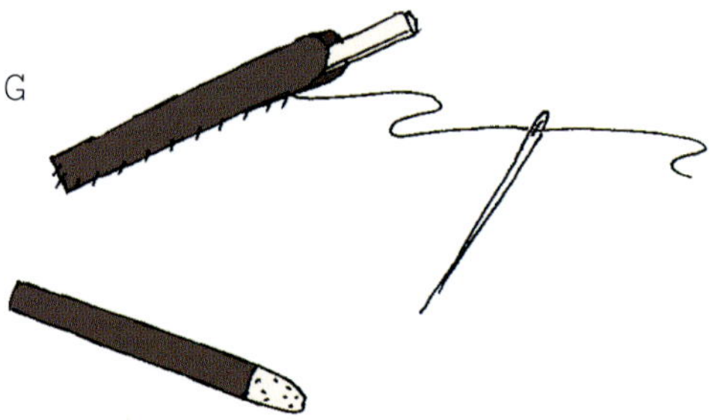

GABARITS
Monsieur Loyal

Utiliser également les gabarits de la poupée de base (voir Confectionner la poupée de base).
Les gabarits de ce livre sont tous fournis grandeur nature.

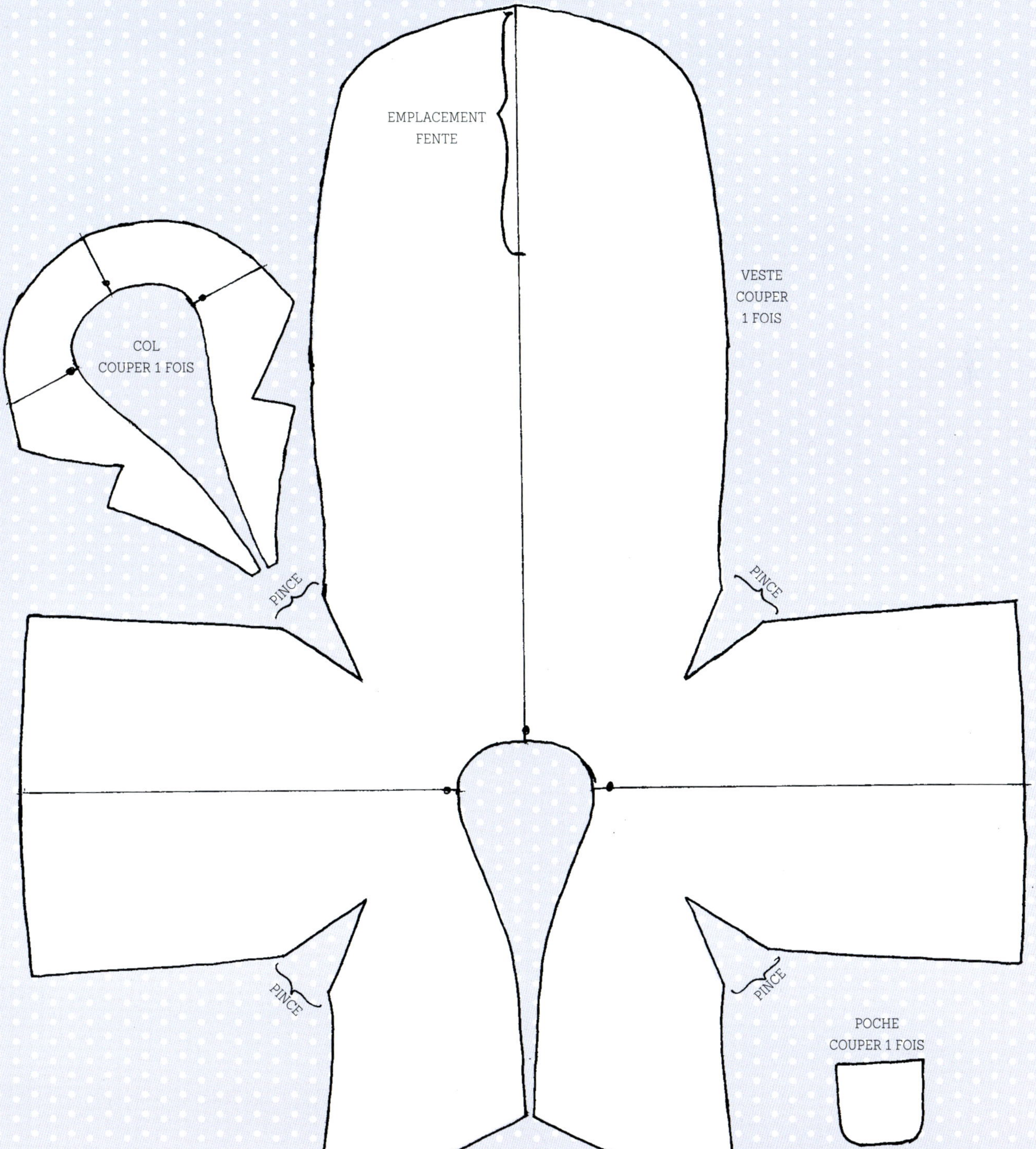

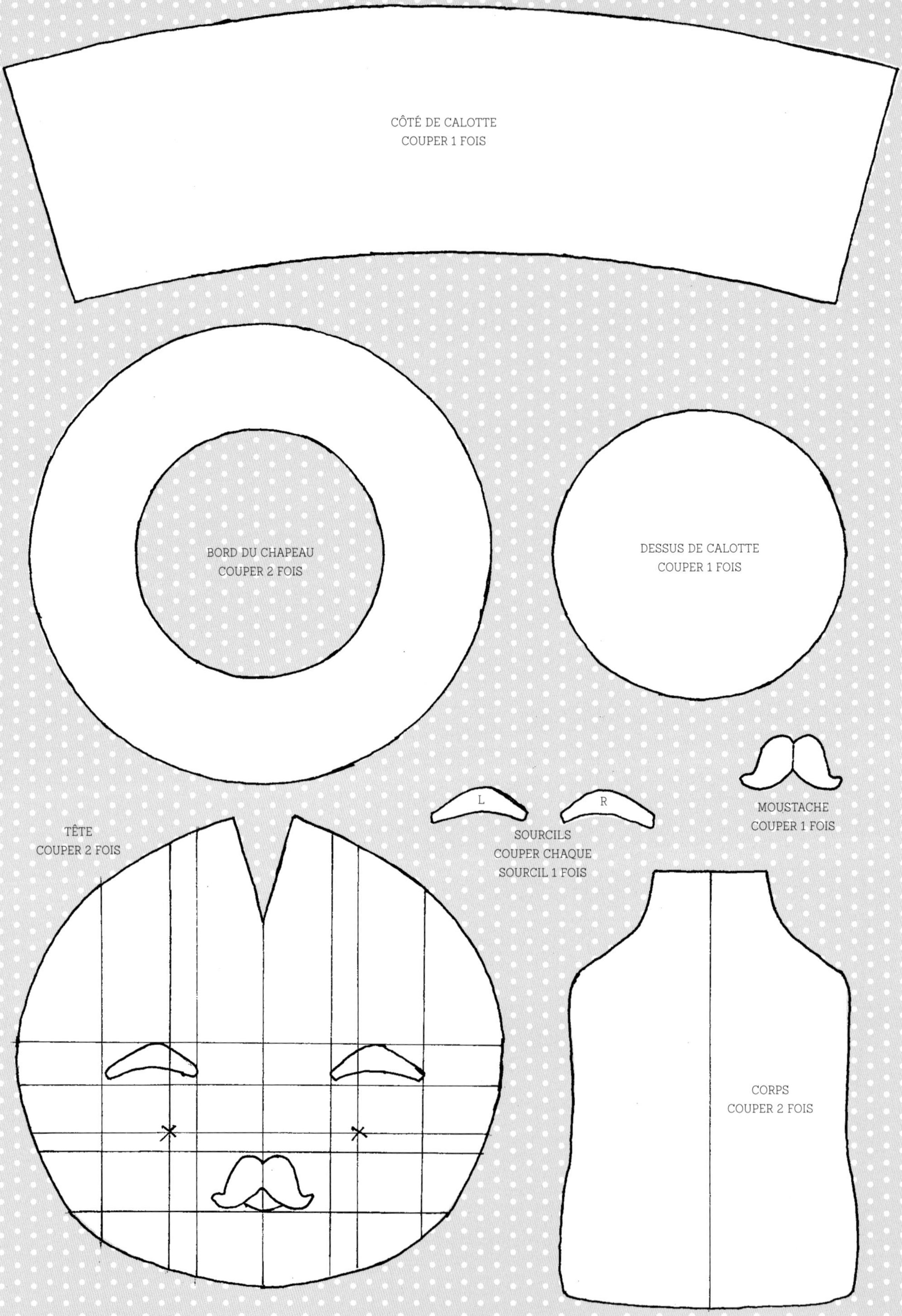
CÔTÉ DE CALOTTE
COUPER 1 FOIS
BORD DU CHAPEAU
COUPER 2 FOIS
DESSUS DE CALOTTE
COUPER 1 FOIS
L
R
SOURCILS
COUPER CHAQUE
SOURCIL 1 FOIS
MOUSTACHE
COUPER 1 FOIS
TÊTE
COUPER 2 FOIS
CORPS
COUPER 2 FOIS

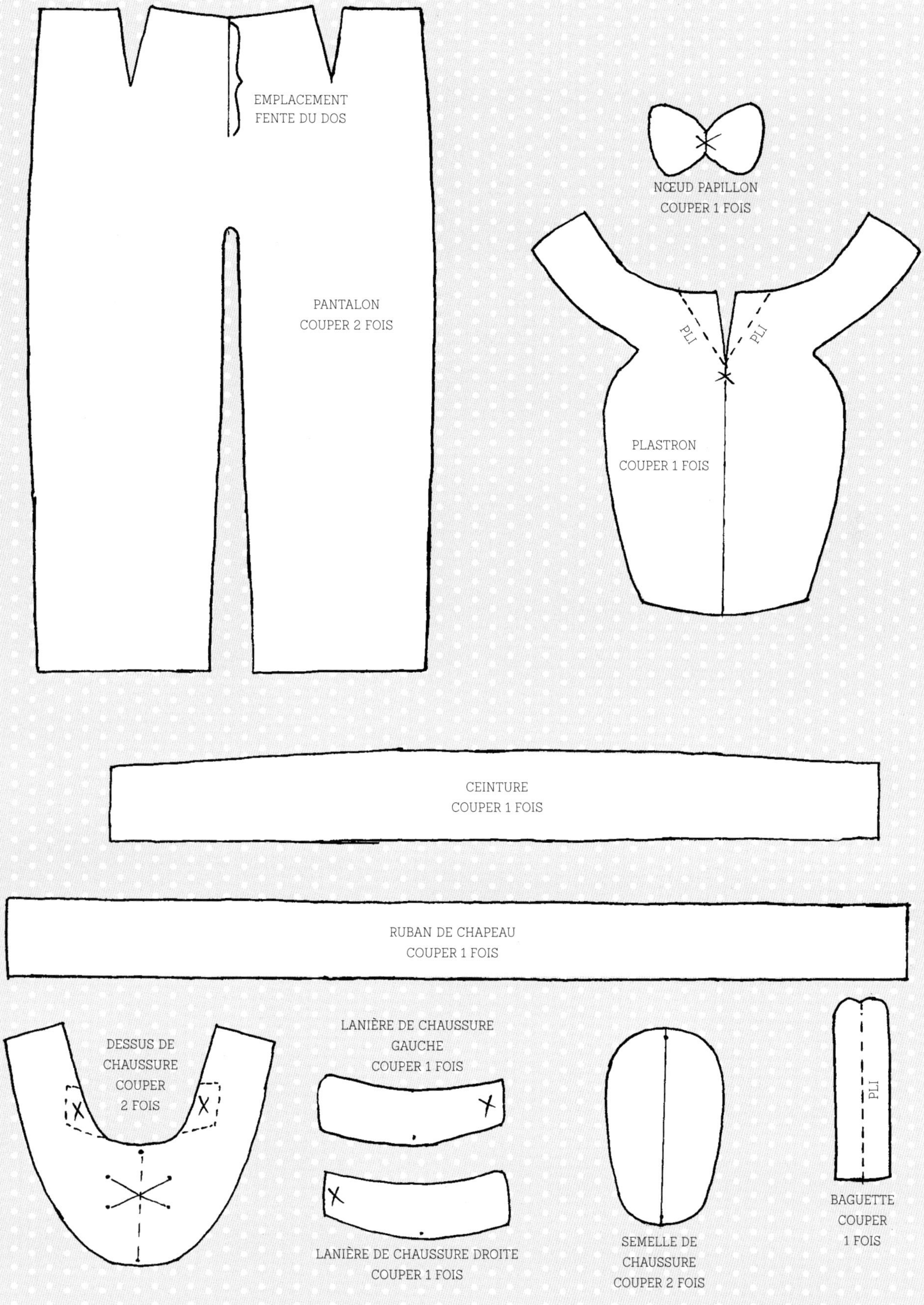
EMPLACEMENT
FENTE DU DOS
PANTALON
COUPER 2 FOIS
NŒUD PAPILLON
COUPER 1 FOIS
PLI
PLI
PLASTRON
COUPER 1 FOIS
CEINTURE
COUPER 1 FOIS
RUBAN DE CHAPEAU
COUPER 1 FOIS
DESSUS DE
CHAUSSURE
COUPER
2 FOIS
LANIÈRE DE CHAUSSURE
GAUCHE
COUPER 1 FOIS
LANIÈRE DE CHAUSSURE DROITE
COUPER 1 FOIS
SEMELLE DE
CHAUSSURE
COUPER 2 FOIS
PLI
BAGUETTE
COUPER
1 FOIS

PETITE *voyageuse*

AVEC SA PETITE VALISE, CETTE CHARMANTE JEUNE FILLE EST PRÊTE POUR LA GRANDE AVENTURE ! ELLE VA PASSER L'ÉTÉ CHEZ SA GRAND-MÈRE ET EST IMPATIENTE D'ENTAMER SON VOYAGE. POUR L'OCCASION, ELLE PORTE UNE ROBE BRODÉE ORNÉE DE DENTELLE ET DE PERLES, ET UN ADORABLE MANTEAU POUR SE PROTÉGER DU VENT. BON VOYAGE JEUNE FILLE !

FOURNITURES *nécessaires*

- FOURNITURES DE LA POUPÉE DE BASE (VOIR CONFECTIONNER LA POUPÉE DE BASE)
- 16,5 CM DE BORDURE EN DENTELLE POUR LA ROBE
- PERLES DE ROCAILLE
- 1 PETITE AGRAFE POUR LA ROBE
- 3 BOUTONS DE 6 MM DE DIAMÈTRE POUR LA VESTE
- 2 BOUTONS DE 6 MM DE DIAMÈTRE POUR LES CHAUSSURES
- 2 BOUTONS-PRESSION DE 5 MM DE DIAMÈTRE POUR LES CHAUSSURES
- 10 X 15 CM DE PAPIER CARTONNÉ POUR L'INTÉRIEUR DE LA VALISE

COUPE ET ASSEMBLAGE

1 Suivre l'explication de la poupée de base jusqu'à l'étape 3 des cheveux (voir Confectionner la poupée de base).

CHEVEUX

1 Pour obtenir des mèches plus claires près du visage, ajouter quelques brins de laine rose pâle aux cheveux de la poupée avant de les coudre sur sa tête. Suivre ensuite les étapes 4 à 10 de la pose des cheveux de la poupée de base.

2 Pour coiffer la poupée, réunir ses cheveux à l'arrière de sa tête et les attacher à l'aide d'un ruban.

VESTE

1 Avec un marqueur effaçable à l'air, reporter toutes les lignes du gabarit de la veste sur les pièces de feutrine correspondantes.

2 Épingler le col sur l'encolure de la veste en alignant leurs lignes, puis les assembler au point de feston (voir Guide des points) (voir **fig. A**).

3 Épingler la poche sur le devant de la veste, puis la coudre à petits points à environ 4 mm des bords, en laissant ouvert son bord supérieur (voir **fig. A**).

4 Plier la veste en deux, endroit contre endroit, en superposant les bords des côtés du corps et du dessous des manches. Épingler ces bords, puis les coudre au point arrière (voir Guide des points), à environ 4 mm du bord.

5 Avec des ciseaux à broder, couper une petite fente dans la marge de couture arrondie du dessous des bras, en veillant à ne pas couper les points. Retourner la veste sur l'endroit et la repasser délicatement.

6 Pour terminer, coudre trois petits boutons sur le devant de la veste (voir **fig. A**).

A

ROBE

1 Avec un marqueur effaçable à l'air, reporter tous les points, les lignes et les X du gabarit de la robe sur les pièces de feutrine correspondantes.

2 Avec trois fils à broder mouliné de couleurs contrastées, broder les trois rangées de X du devant de la robe (voir **fig. B**).

3 Superposer le devant et le dos de la robe, envers contre envers, puis assembler leurs épaules au point de feston (voir **fig. B**).

4 Coudre les côtés de la robe au point de surjet (voir Guide des points) en allant du point situé sous les emmanchures jusqu'en bas (voir **fig. B**).

5 Surfiler le bord de l'encolure et des emmanchures au point de feston (voir **fig. B**), pour les renforcer et éviter qu'ils se déforment au moment d'habiller la poupée.

6 Fixer une agrafe en haut de l'ouverture du dos. Mesurer la circonférence du bas de la robe et couper une bordure en dentelle de la même longueur. Épingler la bordure sur l'envers du bas de la robe et la coudre à petits points droits (voir Guide des points).
Pour terminer, coudre des perles de rocaille au-dessus de la dentelle (voir **fig. B**).

B

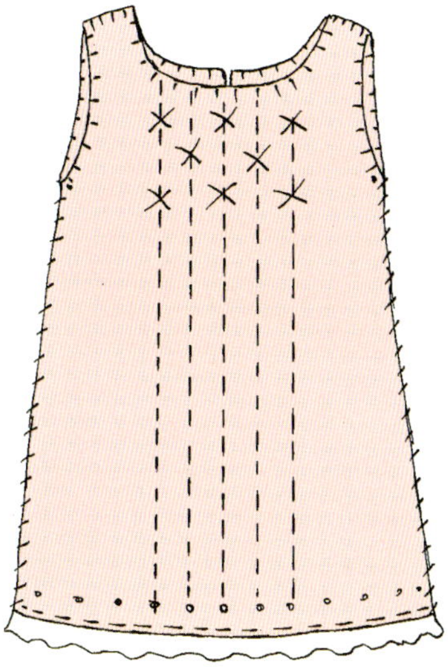

CHAUSSURES

1 Suivre les étapes 1 à 5 de l'explication des chaussures de la Promeneuse des bois (voir p. 107).

VALISE

1 Avec un marqueur effaçable à l'air, reporter les lignes du gabarit du côté B de la valise et les illustrations des autocollants et de l'étiquette sur les pièces de feutrine correspondantes.

2 Coudre les autocollants au point de feston sur les côtés A de la valise à l'aide d'un fil de couleur contrastée (voir **fig. C**), puis broder leurs motifs à petits points avec un fil noir.

3 Poser les pièces de feutrine et de papier cartonné de la valise sur un plan de travail, envers vers le haut. À l'aide d'un coton-tige, appliquer une fine couche de colle sur l'une des faces de chaque pièce en papier cartonné, puis les coller au centre des pièces de feutrine correspondantes (A sur A, B sur B, C sur C). Laisser sécher complètement. Le papier cartonné aidera la valise à conserver sa forme une fois rembourrée.

4 La valise s'assemble en plaçant la face cartonnée des pièces à l'intérieur. Assembler au point de feston les bords longs d'un côté B et d'un côté A. Répéter avec le second côté B et le bord opposé du même côté A. Assembler au point de feston le bord long d'un côté C et le bord court du côté A, puis répéter avec le second côté C et le bord opposé du côté A. Assembler les bords étroits des côtés B et C au point de feston (voir **fig. C**).

5 Placer le second côté A sur la valise, carton vers l'intérieur, puis assembler ses bords aux côtés B et C au point de feston, en laissant une petite ouverture. Rembourrer la valise, puis fermer l'ouverture au point de feston (voir **fig. C**).

C

6 Pour réaliser les poignées, superposer les pièces des poignées deux par deux et assembler leurs bords externes et internes au point de feston. Laisser les fils en attente pour coudre les poignées sur la valise ultérieurement.

7 Épingler les poignées sur la valise, aux endroits indiqués, puis les coudre au point d'échelle (voir Guide des points), avec les fils laissés en attente à l'étape 6.

8 Broder le devant de l'étiquette en utilisant un fil de couleur contrastée pour son cadre et un fil noir pour ses lignes horizontales. Superposer l'avant et l'arrière de l'étiquette et assembler leurs bords au point de feston avec un fil de couleur contrastée.

9 Pour terminer, prendre une aiguillée de fil à broder argenté, piquer l'aiguille sur « l'œillet » du côté de l'étiquette et attacher le fil à l'une des poignées de la valise (voir **fig. D**).

D

GABARITS
Petite voyageuse

Utiliser également les gabarits de la poupée de base (voir Confectionner la poupée de base).
Les gabarits de ce livre sont tous fournis grandeur nature.

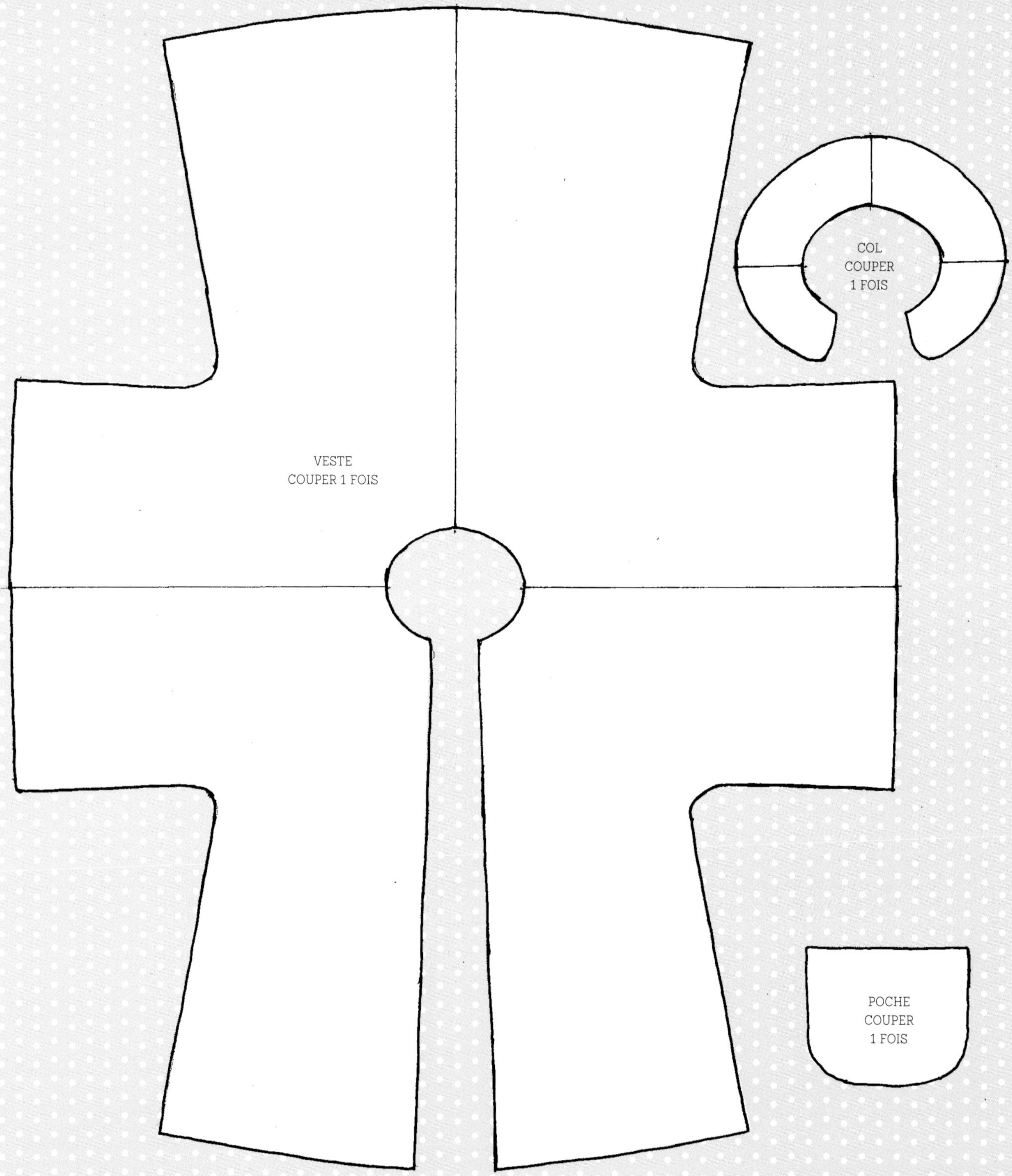

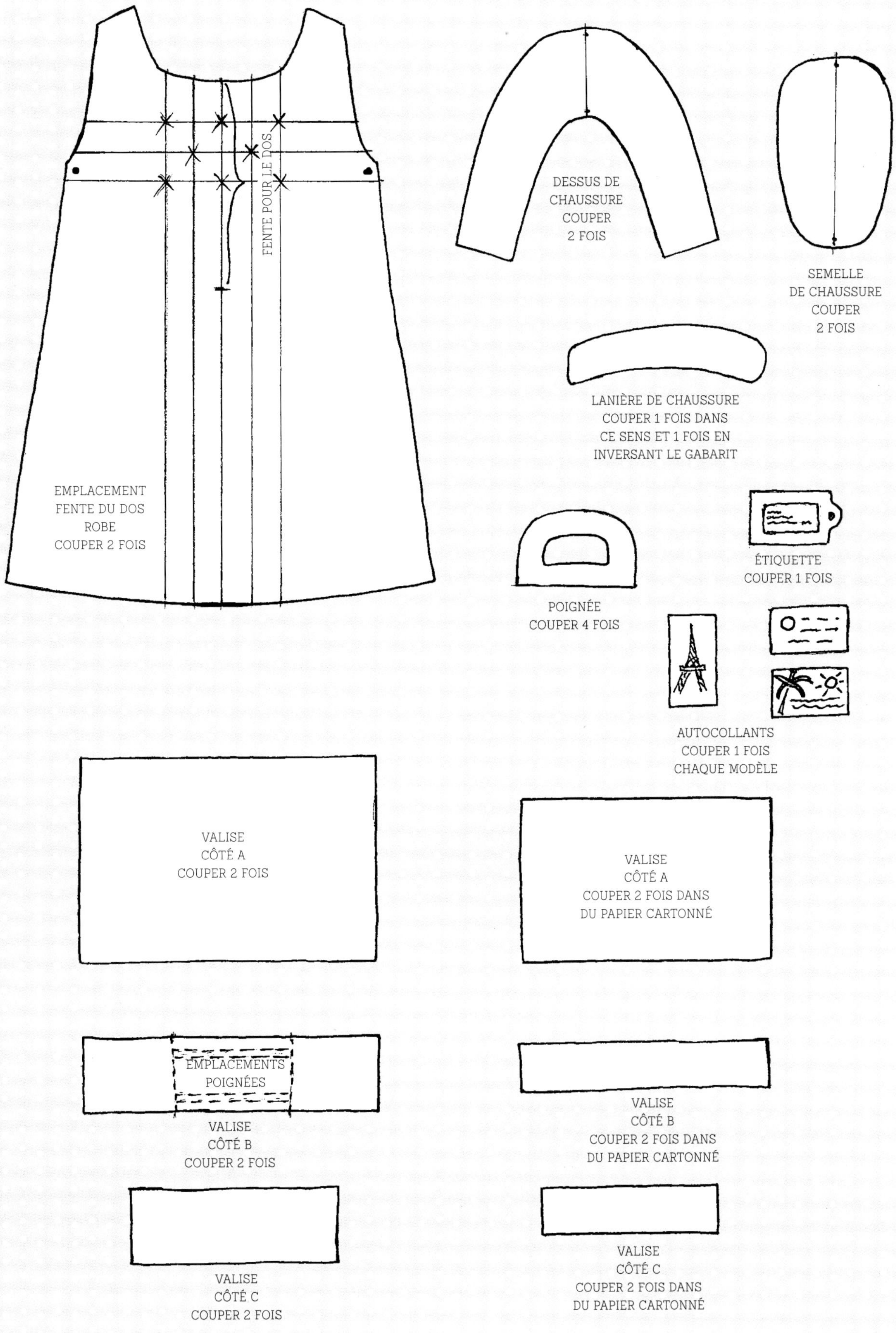
FENTE POUR LE DOS
EMPLACEMENT
FENTE DU DOS
ROBE
COUPER 2 FOIS
DESSUS DE
CHAUSSURE
COUPER
2 FOIS
SEMELLE
DE CHAUSSURE
COUPER
2 FOIS
LANIÈRE DE CHAUSSURE
COUPER 1 FOIS DANS
CE SENS ET 1 FOIS EN
INVERSANT LE GABARIT
POIGNÉE
COUPER 4 FOIS
ÉTIQUETTE
COUPER 1 FOIS
AUTOCOLLANTS
COUPER 1 FOIS
CHAQUE MODÈLE
VALISE
CÔTÉ A
COUPER 2 FOIS
VALISE
CÔTÉ A
COUPER 2 FOIS DANS
DU PAPIER CARTONNÉ
EMPLACEMENTS
POIGNÉES
VALISE
CÔTÉ B
COUPER 2 FOIS
VALISE
CÔTÉ B
COUPER 2 FOIS DANS
DU PAPIER CARTONNÉ
VALISE
CÔTÉ C
COUPER 2 FOIS
VALISE
CÔTÉ C
COUPER 2 FOIS DANS
DU PAPIER CARTONNÉ

ADORABLE *écolière*

ENTRE LA MARELLE, LES BILLES ET LES COURS D'HISTOIRE OU DE MATHÉMATIQUES, LES JOURNÉES DES ÉCOLIERS SONT BIEN CHARGÉES ! AVEC SA JUPE À CARREAUX, SON BLAZER, SA CRAVATE, SES SOCQUETTES BLANCHES ET SES BABIES NOIRES, CETTE PETITE ÉCOLIÈRE EST FIN PRÊTE À ALLER EN COURS. SON CAHIER D'ÉCRITURE EST RANGÉ DANS LE JOLI CARTABLE QUI COMPLÈTE SA TENUE.

FOURNITURES *nécessaires*

- FOURNITURES DE LA POUPÉE DE BASE (VOIR CONFECTIONNER LA POUPÉE DE BASE)
- 7,5 X 15 CM DE JERSEY POUR LES CHAUSSETTES
- 10 CM DE BORDURE EN DENTELLE POUR LES CHAUSSETTES
- 50 CM DE BIAIS NOIR DE 1 CM DE LARGE POUR LES CHEVEUX
- 2 PERLES DE ROCAILLE POUR LE CARTABLE
- 5 BOUTONS-PRESSION DE 5 MM DE DIAMÈTRE
- 2 PETITES AGRAFES POUR LE CORSAGE
- 2 BOUTONS DE 5 MM DE DIAMÈTRE POUR LES CHAUSSURES

REPORT DES GABARITS ET COUPE

1 Suivre l'explication de la poupée de base jusqu'à l'étape 1 de l'explication de la tête (voir Confectionner la poupée de base), en utilisant le gabarit de la tête fourni page 98.

TÊTE

1 Avec un marqueur effaçable à l'air, reporter les traits du visage sur la pièce de feutrine de l'avant de la tête.

2 Couper les gabarits des verres des lunettes. Avec un marqueur effaçable à l'air, reporter leurs contours sur le devant de la tête, en utilisant les lignes du gabarit pour les placer à l'endroit voulu. Tracer un petit pont entre les verres au-dessus du nez.

3 Avec un brin de fil à broder mouliné, broder la monture des lunettes au point de tige (voir Guide des points).

4 Suivre les étapes 2 à 6 de l'explication de la tête de la poupée de base.

ASSEMBLAGE DE LA POUPÉE DE BASE

1 Suivre l'explication de la poupée de base, de l'étape 1 de l'assemblage de la tête à l'étape 3 des cheveux.

CHEVEUX

1 Ajouter un brin de laine de couleur contrastée (ici, noir) aux cheveux de la poupée avant de les coudre sur sa tête. Suivre les étapes 4 à 10 de la pose des cheveux de la poupée de base.

2 Pour coiffer la poupée, lui faire des couettes et les nouer de chaque côté de la tête à l'aide d'un biais noir.

VESTE

1 Avec un marqueur effaçable à l'air, reporter tous les points et les lignes des gabarits de la veste sur les pièces de feutrine correspondantes.

2 Épingler le col sur la veste en alignant leurs points, puis les assembler au point de feston (voir Guide des points) (voir **fig. A**).

3 Avec un brin de fil à broder, broder l'emblème de la poche au point de tige. Épingler la poche sur l'avant de la veste, puis la coudre en place à points glissés (voir Guide des points), en laissant ouvert son bord supérieur (voir **fig. A**).

4 Coudre les pinces au point de surjet sur l'envers du travail (voir **fig. A**).

A

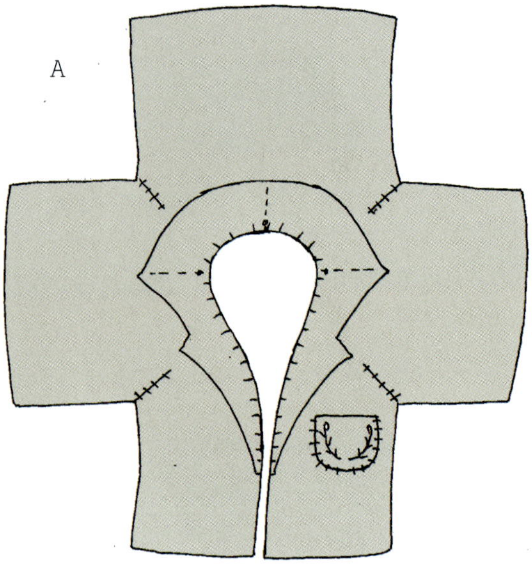

5 Plier la veste en deux en superposant les bords des côtés du corps et du dessous des manches, puis assembler ceux-ci au point de surjet (voir **fig. B**).

B

JUPE

1 Pour souligner les lignes verticales et horizontales des carreaux du lainage, piquer la jupe à petits points droits (voir Guide des points), avec un fil à broder métallisé ou de couleur contrastée.

2 Coudre les pinces sur l'envers du travail (voir **fig. C**).

3 Avec un fil à broder de couleur contrastée, surfiler les bords verticaux et le haut de la jupe (voir **fig. C**).

4 Enfiler la jupe sur la poupée en croisant ses bords dans son dos. Déterminer l'emplacement de deux boutons-pression, puis les coudre aux endroits voulus (voir **fig. C**).

C

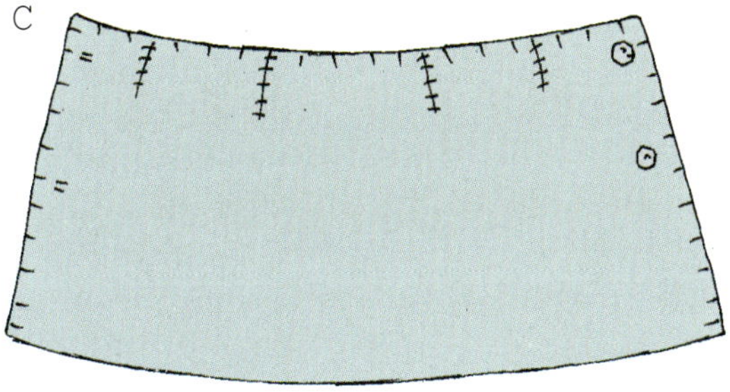

CORSAGE ET CRAVATE

1 Avec un marqueur effaçable à l'air, reporter les repères des gabarits du corsage sur les pièces de feutrine correspondantes.

2 Placer les cols droit et gauche sur l'encolure du corsage, en superposant leurs astérisques (voir gabarits), puis les assembler au point de feston (voir **fig. D**).

3 Plier la cravate en deux, puis la coudre à tous petits points au centre de l'encolure du corsage, entre les pointes du col (voir **fig. D**).

4 Épingler la poche sur le devant du corsage, puis la coudre à points glissés en laissant ouvert son bord supérieur (voir **fig. D**).

D

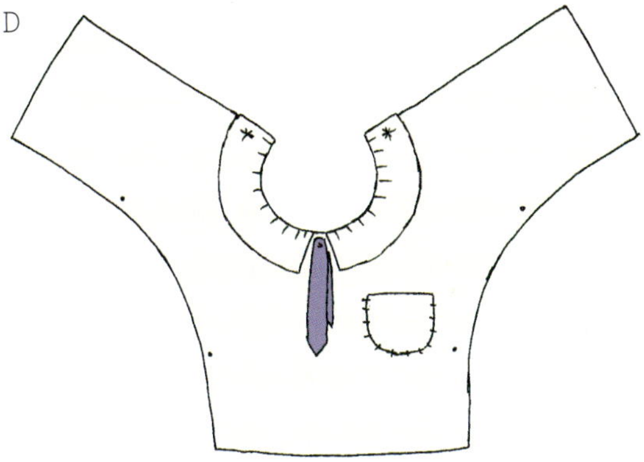

5 Plier le corsage en deux le long des épaules en superposant le devant et les dos, envers contre envers. Assembler les côtés du corsage au point de surjet en allant du point situé sous chaque emmanchure jusqu'en bas (voir **fig. E**).

6 Surfiler le bord des emmanchures et du bas du corsage au point de feston (voir **fig. E**), pour les renforcer et éviter qu'ils se déforment au moment d'habiller la poupée.

E

7 Pour terminer, coudre deux agrafes au bord du dos du corsage.

CHAUSSETTES

1 Suivre l'explication des chaussettes de la Promeneuse des bois (voir p. 107).

CHAUSSURES

1 Suivre l'explication des chaussures de la Promeneuse des bois (voir p. 107).

CARTABLE

1 Avec un marqueur effaçable à l'air, reporter les repères des gabarits du devant et du dos du cartable sur l'endroit et l'envers des pièces de feutrine correspondantes.

2 Coudre une perle de rocaille sur le point de chaque languette de cartable, puis coudre les languettes sur les repères tracés sur l'endroit du haut du dos du cartable (voir **fig. F**).

F
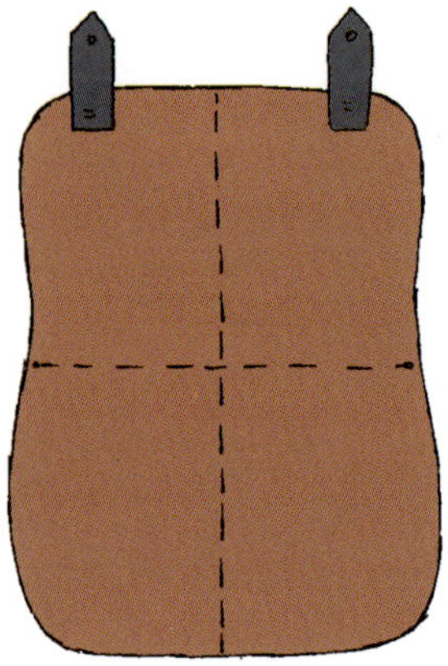

3 Retourner le dos du cartable pour placer son envers face à soi. Placer une extrémité du soufflet sur le point situé à mi-hauteur sur le côté gauche du dos du cartable, puis coudre le soufflet au point de surjet sur les côtés et le bas du dos du cartable, en veillant à aligner les lignes centrales des deux pièces (voir **fig. G**).

G
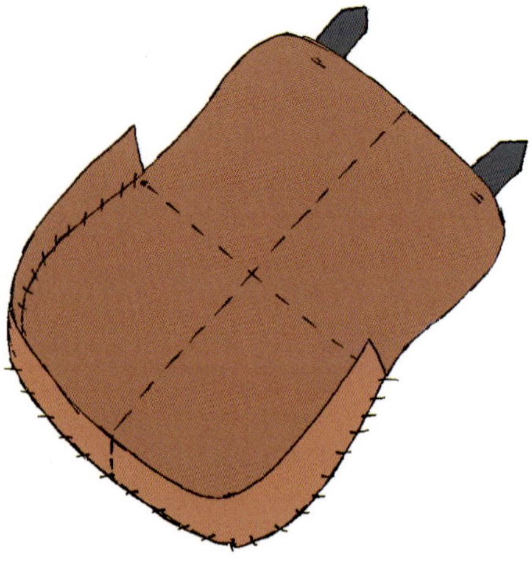

4 Coudre la partie femelle d'un bouton-pression sur le X tracé sur l'endroit du devant du cartable et sa partie mâle sur le X tracé sur l'envers du dos du cartable (voir **fig. H**).

5 Placer le devant du cartable au bord du soufflet, en alignant leurs lignes centrales, puis les assembler au point de surjet le long des côtés et du bas du cartable (voir **fig. H**).

6 Insérer l'une des extrémités de la bandoulière dans le cartable sur environ 4 mm et la coudre à petits points à l'intérieur du gousset. Coudre la partie femelle d'un bouton-pression sur l'extérieur du côté opposé du soufflet et sa partie mâle sur l'autre extrémité de la bandoulière (voir **fig. H**). Ce bouton-pression permettra d'enfiler facilement le cartable sur l'épaule de la poupée.

H

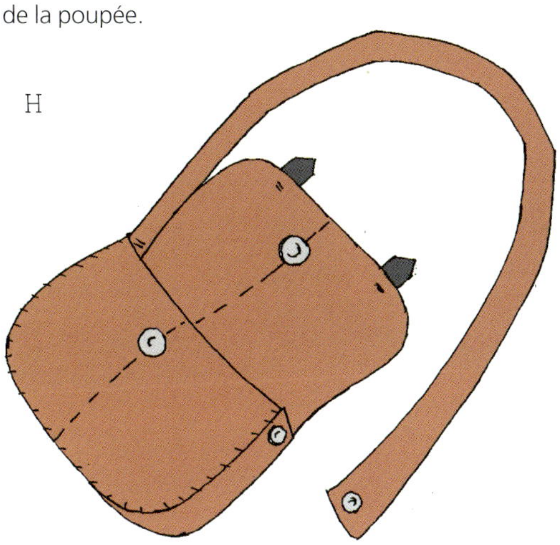

CAHIER D'EXERCICES

1 Avec un marqueur effaçable à l'air, reporter les lettres A, B et C sur l'une des pages du cahier. Broder les lettres au point arrière (voir Guide des points) avec un brin de fil à broder.

2 Poser la page brodée sur la page vierge et assembler leurs bords gauches à tous petits points, en piquant très près du bord.

3 Avec un marqueur effaçable à l'air, reporter les repères du gabarit de la couverture du cahier sur l'endroit et l'envers de la pièce de feutrine correspondante. Relier les X sur l'envers de la feutrine à l'aide d'une règle.

4 Poser les pages sur l'envers de la couverture, juste à droite de la ligne centrale. Préparer une aiguillée avec un brin de fil à broder de couleur contrastée. Faire un nœud à l'extrémité du fil, puis piquer l'aiguille d'avant en arrière sur le X du haut, à l'intérieur de la couverture (voir **fig. I**).

I

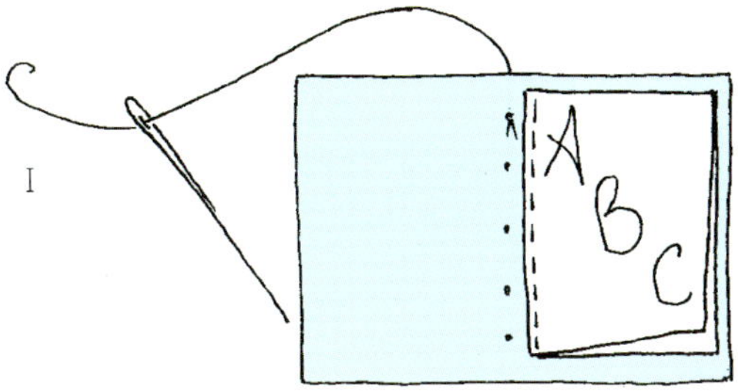

5 Fermer le cahier en veillant à ce que ses pages ne dépassent pas de la couverture. Avec le fil à broder utilisé lors de l'étape 4, coudre le dos du cahier au point de feston en faisant un point sur chaque repère (voir **fig. J**). Les points doivent être assez longs pour fixer les pages à l'intérieur de la couverture. La taille du cahier permet de le glisser facilement dans le cartable.

J

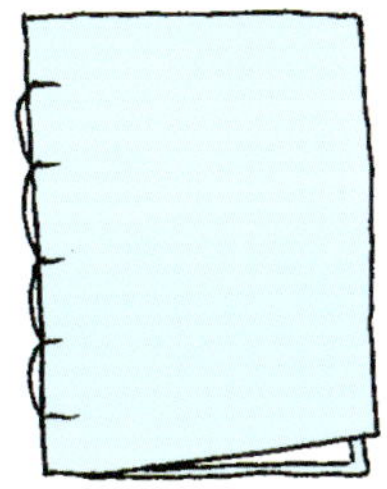

GABARITS
Adorable écolière

Utiliser également les gabarits de la poupée de base (voir Confectionner la poupée de base).
Les gabarits de ce livre sont tous fournis grandeur nature.

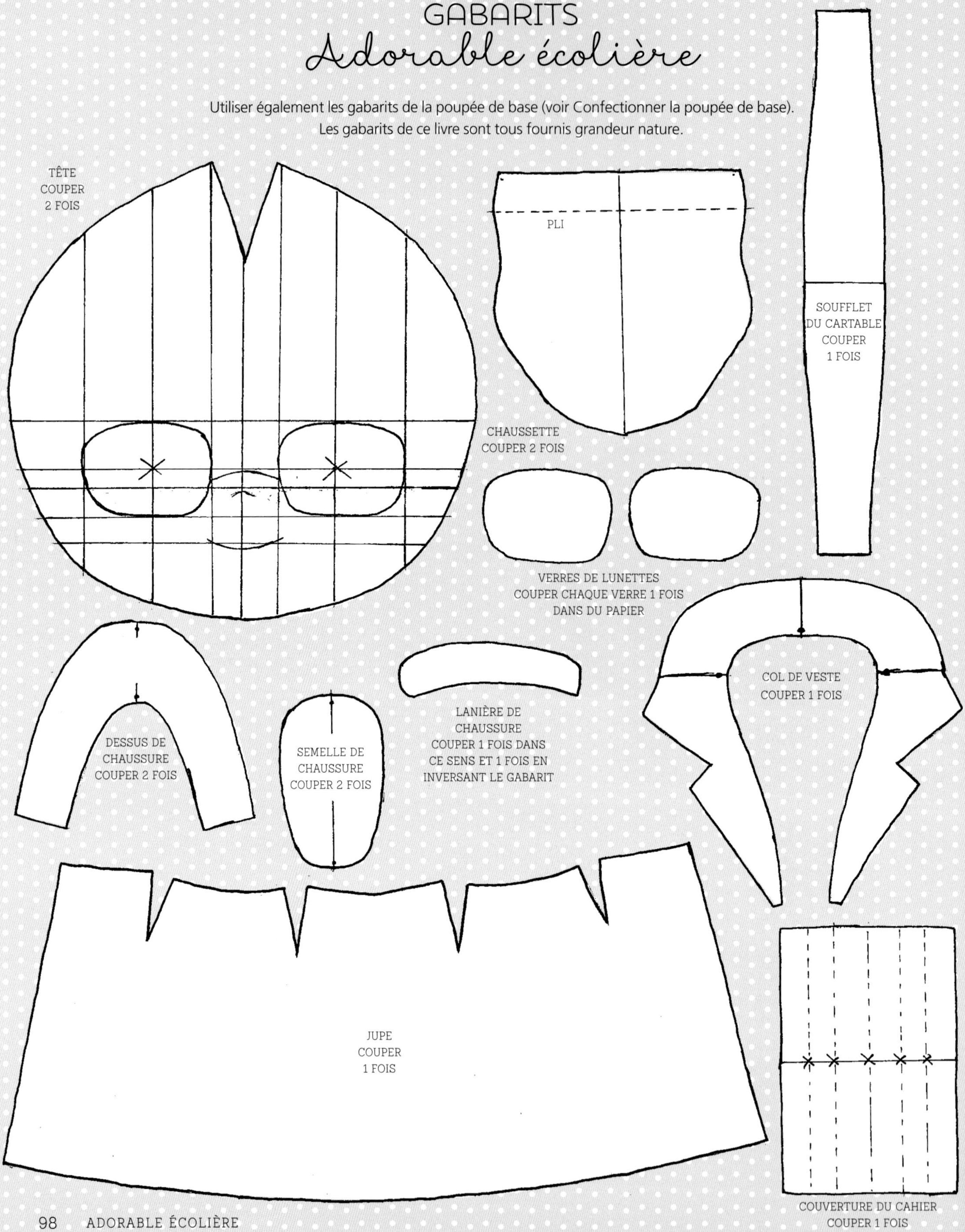

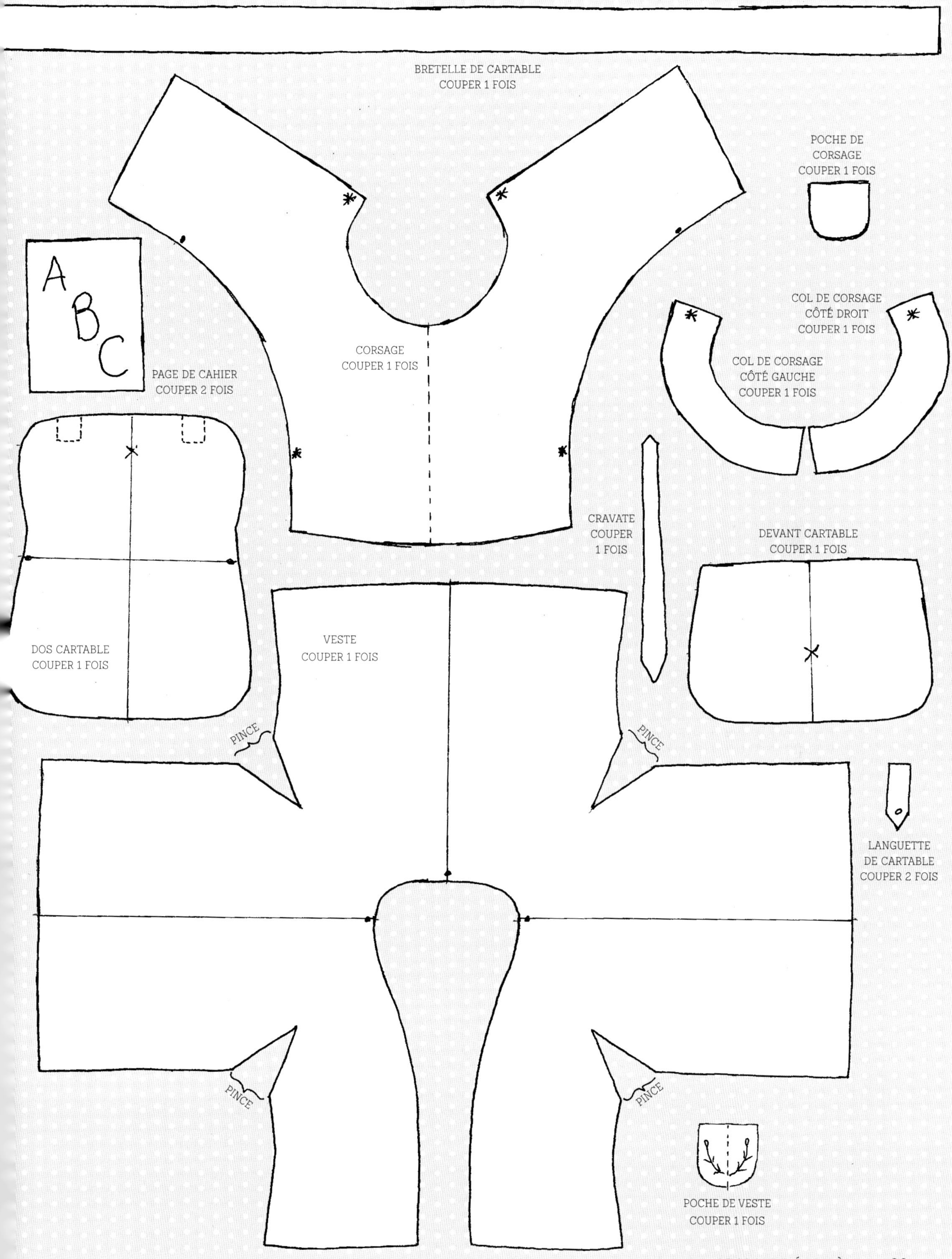
BRETELLE DE CARTABLE
COUPER 1 FOIS
POCHE DE CORSAGE
COUPER 1 FOIS
ABC
PAGE DE CAHIER
COUPER 2 FOIS
CORSAGE
COUPER 1 FOIS
COL DE CORSAGE
CÔTÉ DROIT
COUPER 1 FOIS
COL DE CORSAGE
CÔTÉ GAUCHE
COUPER 1 FOIS
CRAVATE
COUPER
1 FOIS
DEVANT CARTABLE
COUPER 1 FOIS
DOS CARTABLE
COUPER 1 FOIS
VESTE
COUPER 1 FOIS
PINCE
PINCE
LANGUETTE
DE CARTABLE
COUPER 2 FOIS
PINCE
PINCE
POCHE DE VESTE
COUPER 1 FOIS

PROMENEUSE *des bois*

VÉRITABLE AMOUREUSE DE LA NATURE, CETTE CHARMANTE JEUNE FILLE VA SOUVENT SE PROMENER DANS LES BOIS AVEC SON PETIT PANIER POUR RAMASSER DES FLEURS ET TOUTES SORTES DE TRÉSORS TOUT EN ADMIRANT LES MERVEILLES QUI L'ENTOURENT.

FOURNITURES *nécessaires*

- FOURNITURES DE LA POUPÉE DE BASE (VOIR CONFECTIONNER LA POUPÉE DE BASE)
- 7,5 X 15 CM DE JERSEY POUR LES CHAUSSETTES
- BIAIS DE 1 CM DE LARGE POUR LES LIENS DU BONNET
- 28 CM DE BORDURE EN DENTELLE POUR LA ROBE ET LES CHAUSSETTES
- 36 CM DE RUBAN FIN POUR LES CHEVEUX
- 1 PETITE AGRAFE POUR LA CAPE
- 2 BOUTONS DE 6 MM DE DIAMÈTRE POUR LES BRETELLES DE LA ROBE
- 1 POINÇON
- 4 BOUTONS-PRESSION DE 5 MM DE DIAMÈTRE POUR LA ROBE ET LE CORSAGE
- COLLE ANTI-EFFILOCHAGE
- 2 PERLES DE ROCAILLE NOIRES POUR LES YEUX DU HÉRISSON
- CRAYON DE COULEUR ROSE
- FEUTRE VERT
- OUATE
- PIQUE À APÉRITIF, BÂTONNET EN BUIS OU BAGUETTE

COUPE ET ASSEMBLAGE

1 Suivre l'explication de la poupée de base jusqu'à l'étape 10 des cheveux (voir Confectionner la poupée de base).

CHEVEUX

1 Pour coiffer la poupée, réunir tous les cheveux à l'arrière de la tête et les nouer à l'aide d'un ruban fin.

CAPUCHON

1 Avec un marqueur effaçable à l'air, reporter les points, le X et les repères des gabarits de la partie centrale et du côté de capuchon sur les pièces de feutrine correspondantes.

2 Superposer un côté et la partie centrale du capuchon, envers contre envers, en alignant leurs points A, puis épingler leurs bords près des points A à l'aide de deux épingles (voir **fig. A**).

3 Superposer les points B des deux pièces, puis assembler leurs bords au point de surjet (voir Guide des points) des points A à B (voir **fig. A**). Répéter pour assembler l'autre côté du capuchon.

A

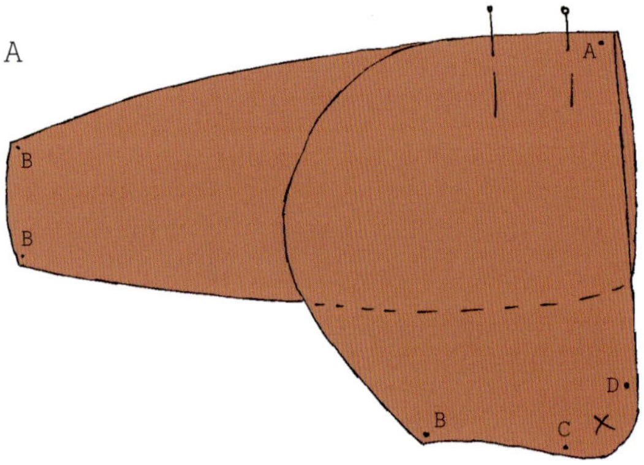

4 Répéter les étapes 1 à 3 pour réaliser la doublure du capuchon.

5 Retourner la doublure du capuchon pour placer l'envers à l'extérieur. Glisser la doublure dans la partie externe du capuchon, en superposant leurs coutures (voir **fig. B**). Épingler les bords des deux pièces.

B

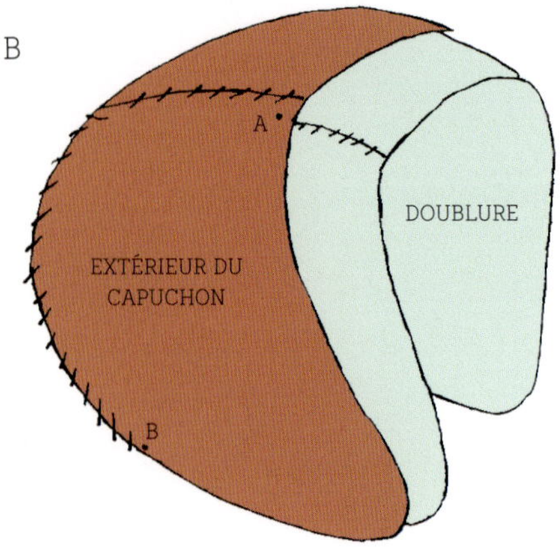

6 Avec deux brins de fil à broder mouliné d'une couleur assortie à la doublure, assembler le capuchon et sa doublure au point de feston (voir Guide des points), en commençant par la base de sa partie centrale, du point B d'un côté au point C de l'autre côté (voir **fig. C**).

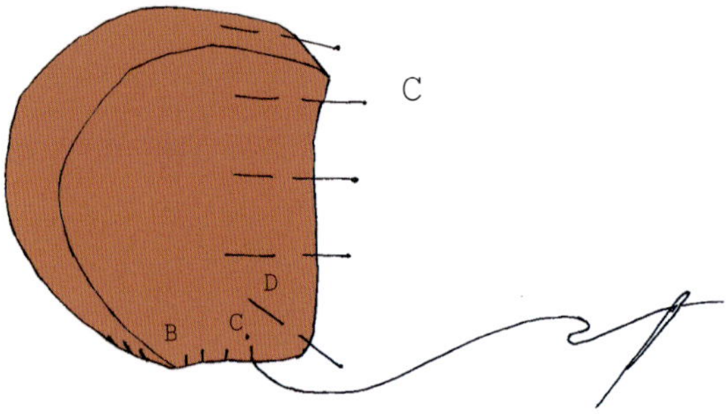

7 Écarter les deux pièces de feutrine entre les points C et D. Épingler l'extrémité d'une bande de biais de 18 cm sur le X tracé sur la doublure, en piquant l'épingle depuis l'intérieur du capuchon pour pouvoir la retirer facilement une fois le biais cousu (voir **fig. D**).

8 Épingler les bords du capuchon et de sa doublure entre les points C et D, puis assembler les deux bords au point de feston jusqu'au point D de l'autre côté.

9 Épingler un biais sur le X situé entre les points C et D de ce côté, comme à l'étape 7 (voir **fig. D**).

D

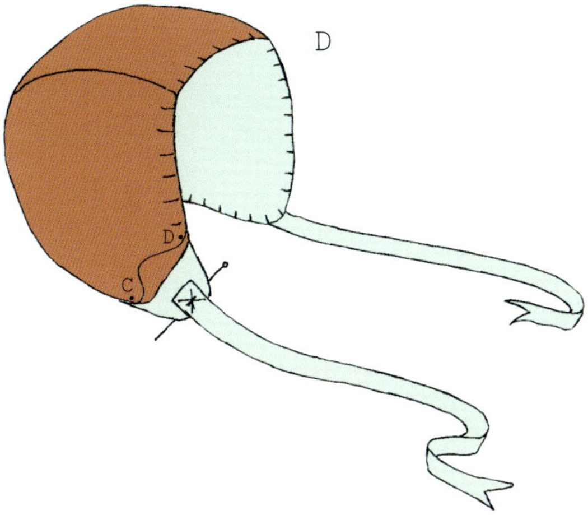

10 Épingler les bords du capuchon et de sa doublure entre les points C et D, puis continuer à les assembler jusqu'au point de départ de la couture. Arrêter le fil.

OREILLES DE BICHE

1 Avec un marqueur effaçable à l'air, reporter les points A, B, C et D du gabarit de l'oreille sur les pièces de feutrine correspondantes.

2 Pour réaliser une oreille, épingler la doublure sur une oreille de la couleur du capuchon, envers contre envers, puis assembler leurs bords externes au point de surjet, des points A à B (voir **fig. E**).

3 Plier la base de l'oreille vers la doublure en superposant les points B et D. Coudre la base de l'oreille du côté du pli, puis répéter de l'autre côté en superposant les points A et C (voir **fig. F**).

E

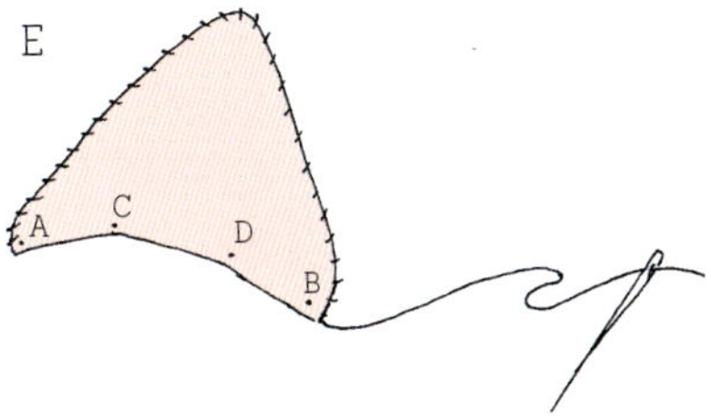

F

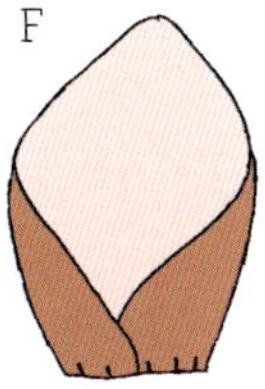

4 Épingler l'oreille sur la ligne en pointillés d'un des côtés du capuchon. Coudre le devant et le dos de l'oreille en place au point d'échelle (voir Guide des points) (voir **fig. G**). Si l'oreille vacille, refaire une couture autour de sa base pour la stabiliser.

5 Répéter les étapes 2 à 4 pour confectionner la seconde oreille (voir **fig. G**).

G

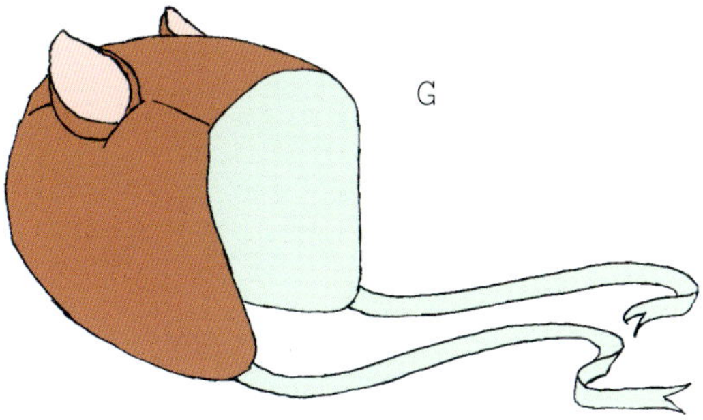

CAPE

1 Avec un marqueur effaçable à l'air, reporter tous les points et les lignes des gabarits de la cape sur les pièces de feutrine correspondantes.

2 Placer les fausses poches sur l'endroit de l'extérieur de la cape, entre les lignes en pointillés. Coudre les bords des fausses poches à points glissés (voir Guide des points) à l'exception du bord situé vers l'arrière de la cape, pour donner l'impression de vraies poches.

3 Coudre les pinces de l'extérieur de la cape au point de surjet, sur l'envers de la feutrine. Ouvrir la cape et aplatir délicatement les pinces (voir **fig. H**). Répéter l'opération pour coudre les pinces de la doublure de la cape.

H

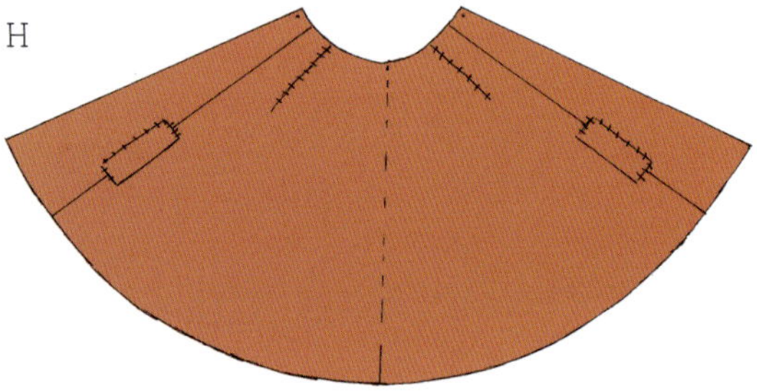

4 Placer la cape sur sa doublure, envers contre envers, en alignant leurs pinces. Épingler les bords des deux pièces.

5 Avec deux brins de fil à broder d'une couleur assortie à la doublure, coudre les bords des côtés et du bas des deux pièces au point de feston, du point A au point B. Ne pas coudre le bord de l'encolure et laisser le fil en attente (voir **fig. I**).

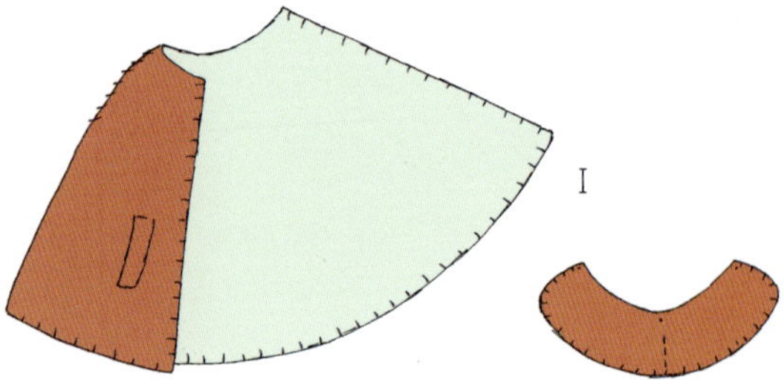

I

6 Surfiler au point de feston le bord externe du col de la cape, du point A au point B (voir **fig. I**).

7 Épingler le col sur la cape en superposant leurs points A, B et C. Coudre le col sur l'encolure au point de feston avec le fil laissé en attente à l'étape 5 (voir **fig. J**).

8 Coudre une agrafe sous les bords de l'encolure du devant de la cape (voir **fig. J**).

J

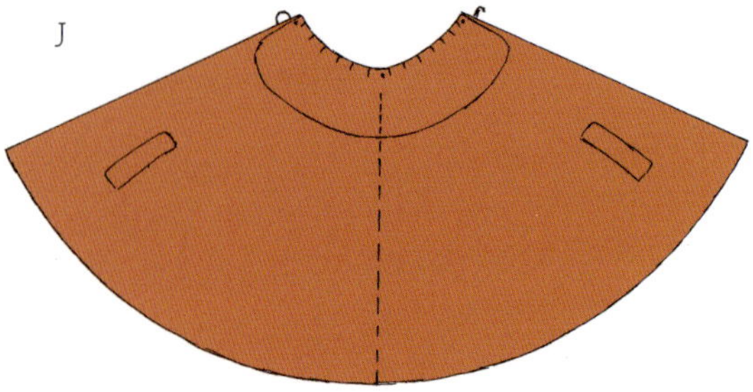

CORSAGE

1 Avec un marqueur effaçable à l'air, reporter tous les points du gabarit du corsage sur les pièces de feutrine correspondantes.

2 Plier le corsage en deux le long des épaules, envers contre envers, puis coudre ses côtés au point de surjet, des points situés sous les emmanchures aux points du bas (voir **fig. K**).

3 Surfiler les bords de l'encolure, du bas du corsage et des emmanchures au point de feston (voir **fig. L**), pour les renforcer et éviter qu'ils se déforment au moment d'habiller la poupée.

K

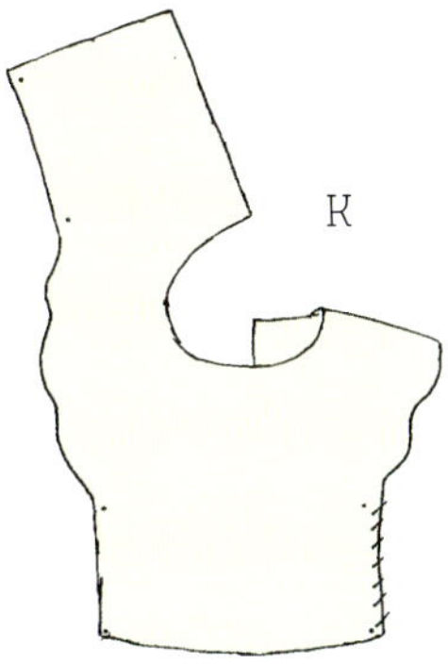

L

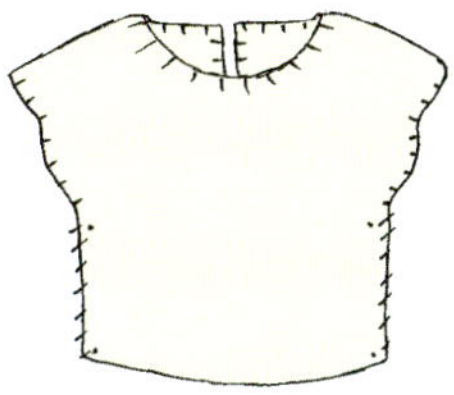

4 Pour terminer, coudre un bouton-pression de chaque côté de l'ouverture du dos, juste sous l'encolure.

ROBE

1 Avec un marqueur effaçable à l'air, reporter les points, les X et les pointillés des gabarits de la robe sur les pièces de feutrine correspondantes. Broder et orner de perles le bas de la robe aux endroits indiqués.

2 Avec un brin de fil à broder, surfiler le bord du haut de la robe au point de feston, des points A à B (voir **fig. M**). Laisser le fil en attente.

3 Broder et orner de perles la poche aux endroits indiqués, puis la placer sur l'avant de la robe. Coudre la poche sur la robe à points glissés en laissant ouvert son bord supérieur (voir **fig. M**).

4 Coudre la partie femelle d'un bouton-pression sur les X du devant de la robe (voir **fig. M**).

M

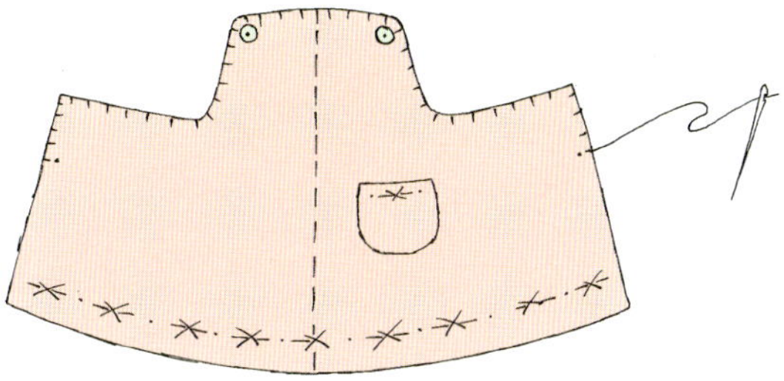

5 Rabattre les côtés de la robe vers l'arrière. Avec le fil laissé en attente à l'étape 2, assembler les côtés de la robe au point de surjet, des points A et B jusqu'en bas. Coudre un bouton-pression en haut de l'ouverture du dos (voir **fig. N**).

N

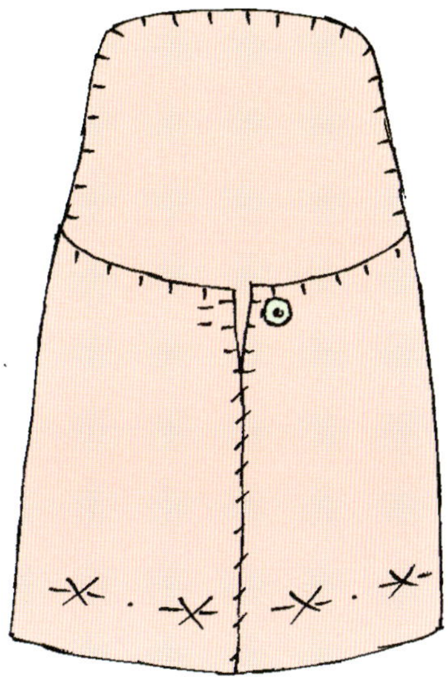

6 Surfiler les bretelles de la robe au point de feston. Coudre la partie mâle d'un bouton-pression à l'extrémité de chaque bretelle, sur l'envers de la feutrine (voir **fig. O**).

7 Retourner les bretelles pour placer l'endroit de la feutrine face à soi et coudre un petit bouton derrière la partie mâle de chaque bouton-pression (voir **fig. O**).

O

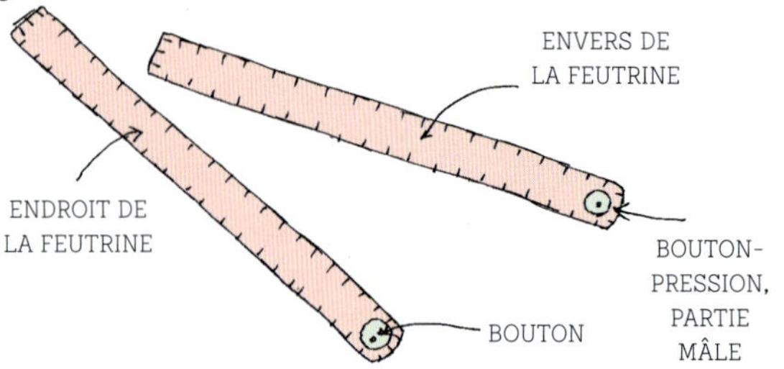

8 Enfiler la robe sur la poupée. Fermer les boutons-pression des bretelles sur l'avant de la robe, puis tourner la poupée pour la voir de dos. Faire passer les bretelles sur les épaules de la poupée et les croiser sur son dos. Rentrer l'extrémité des bretelles dans la robe et les épingler en place, comme montré ci-dessous (voir **fig. P**).

P

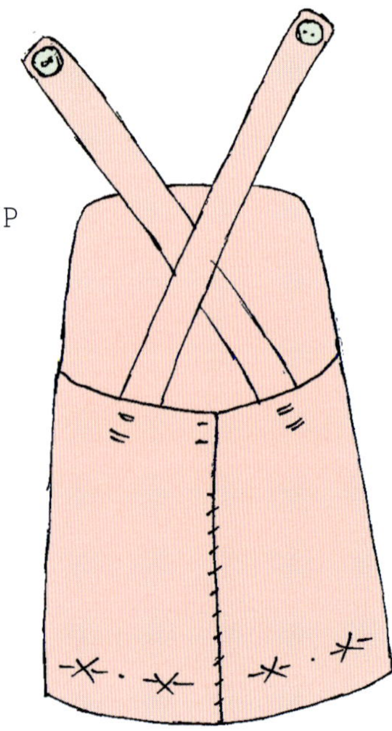

9 Ouvrir les boutons-pression des bretelles et retirer délicatement la robe de la poupée. Coudre l'arrière des bretelles au dos de la robe.

10 Pour terminer, mesurer la circonférence du bas de la robe et couper une bordure en dentelle de la même longueur. Appliquer un peu de colle anti-effilochage aux deux extrémités de la bordure et laisser sécher complètement. Épingler la dentelle sur l'envers du bas de la robe et la coudre à petits points droits (voir **fig. Q**).

Q

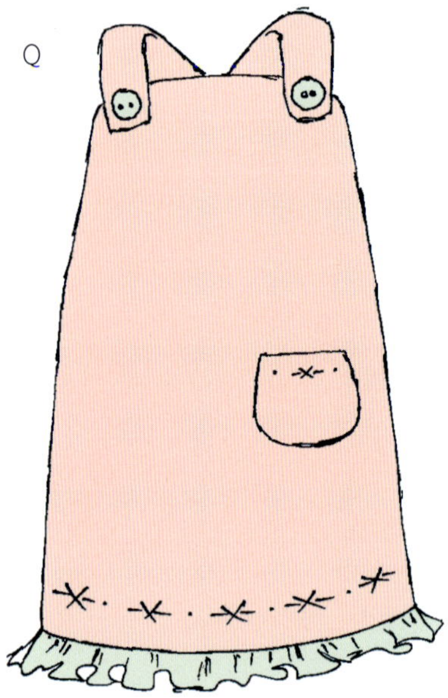

CHAUSSETTES

1 Avec un marqueur effaçable à l'air, reporter l'emplacement du pli et les points du gabarit de la chaussette sur les pièces de jersey des chaussettes.

2 Pour réaliser une chaussette, plier le jersey envers contre envers le long des pointillés et marquer le pli au fer.

3 Retourner la chaussette pour placer l'endroit face à soi. Couper une bordure en dentelle de la longueur du bord plié. Appliquer un peu de colle anti-effilochage aux extrémités de la bordure et laisser sécher. Épingler la bordure en haut de la chaussette et la coudre au point arrière (voir Guide des points) (voir **fig. R**).

R

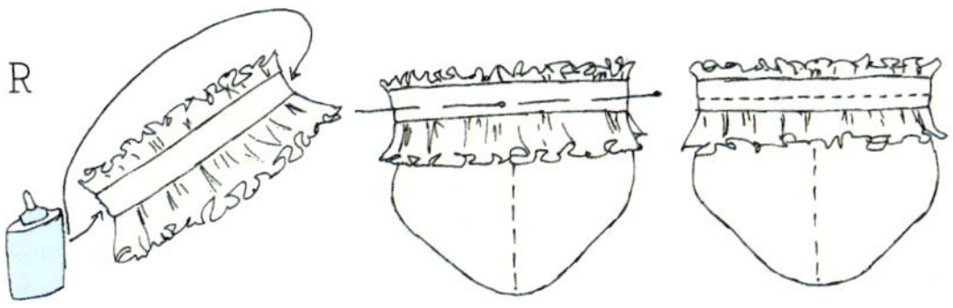

4 Plier la chaussette en deux dans le sens de la longueur, endroit contre endroit. Épingler les bords bruts, puis assembler au point arrière, à environ 4 mm du bord, du point du haut à celui de la pointe du pied (voir **fig. S**). Retourner la chaussette sur l'endroit.

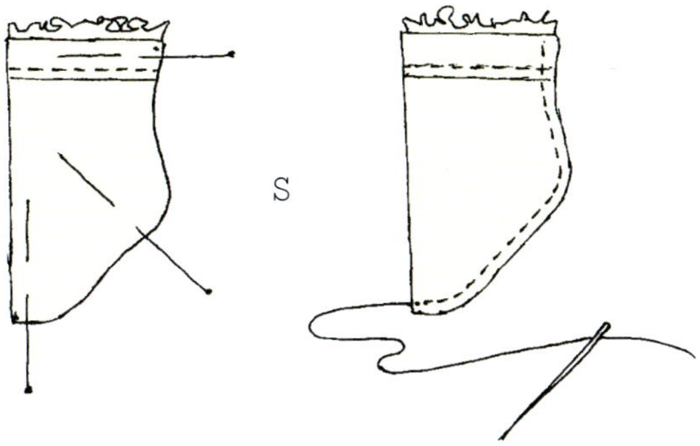

5 Répéter les étapes 2 à 4 pour confectionner l'autre chaussette.

CHAUSSURES

1 Avec un marqueur effaçable à l'air, reporter les points et les lignes des gabarits de la chaussure sur les pièces de feutrine correspondantes.

2 Pour réaliser une chaussure, avec un fil à broder de couleur contrastée, surfiler au point de feston le bord de l'ouverture et le bord interne d'un dessus de chaussure (voir **fig. T**).

T

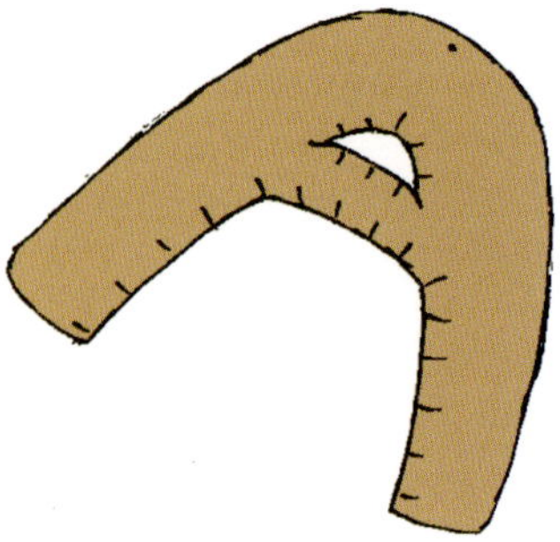

3 Plier le dessus de la chaussure en deux et assembler ses extrémités au point de surjet (voir **fig. U**).

U

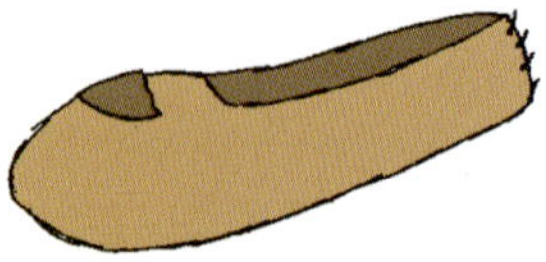

4 Placer une semelle sous le dessus de la chaussure en alignant les points de leurs extrémités, puis les assembler au point de feston (voir **fig. V**).

V

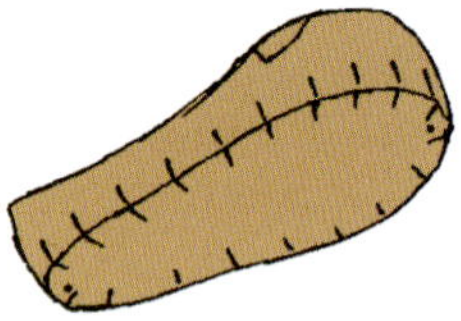

5 Répéter les étapes 2 à 4 pour réaliser l'autre chaussure.

PANIER

1 Avec un marqueur effaçable à l'air, reporter le X du gabarit du côté A du panier sur les deux pièces de feutrine correspondantes.

2 Broder des fleurs et des feuilles au point de bouclette (voir Guide des points) sur une face des deux côtés B du panier, en utilisant des fils de différentes couleurs pour les fleurs et du fil vert pour les feuilles.

3 Assembler au point de surjet la base des côtés A et les bords les plus courts du fond de panier, puis la base des côtés B et les bords les plus longs du fond de panier (voir **fig. W**).

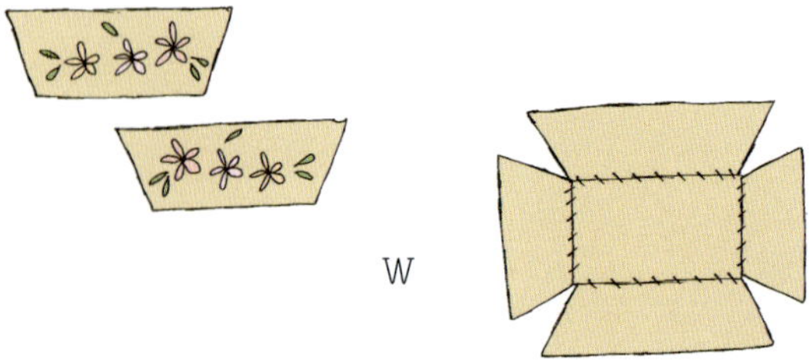

W

4 Assembler les bords des côtés A et B au point de surjet. Répéter l'opération avec les pièces de la doublure du panier. La doublure, légèrement plus petite sera fixée à l'extérieur du panier à l'étape 7 pour le consolider (voir **fig. X**).

X

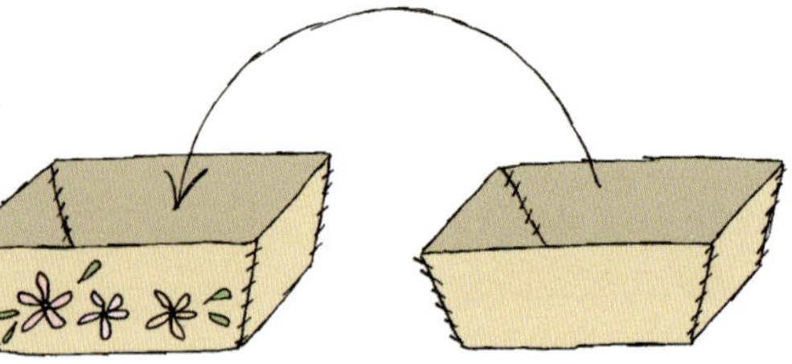

5 Plier l'anse du panier en deux dans le sens de la longueur, épingler ses bords longs et les coudre au point de feston. Faire rouler le tube ainsi formé pour placer la couture en son centre. Aplatir l'anse et coudre ses extrémités au point de feston (voir **fig. Y**).

Y

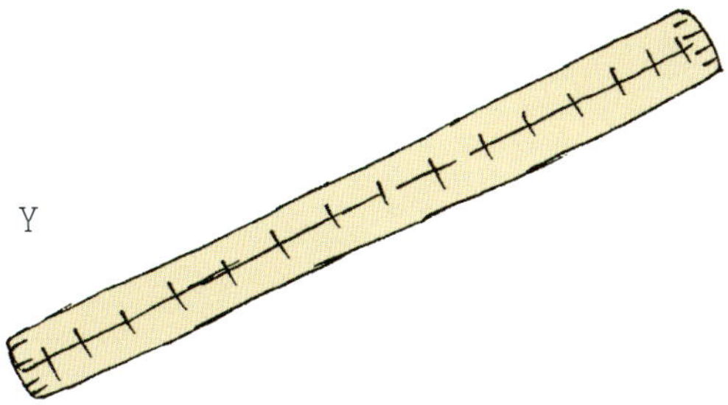

6 Placer l'une des extrémités de l'anse dans le panier, couture vers l'intérieur du récipient, et l'épingler sur le X d'un des côtés A. Coudre l'anse en place à petits points, puis répéter l'opération pour coudre son autre extrémité à l'intérieur du côté opposé (voir **fig. Z**).

Z

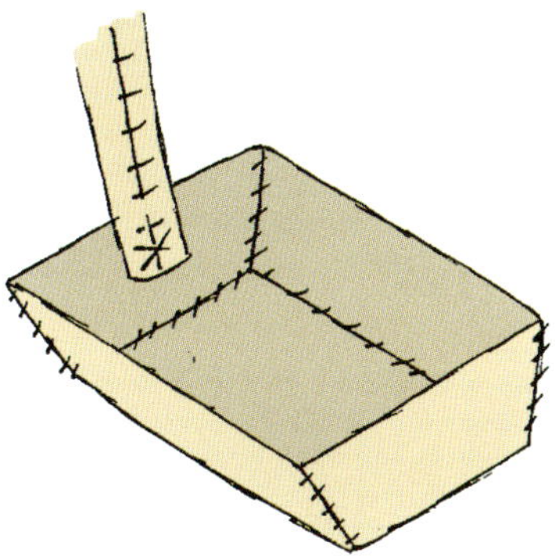

7 Insérer la doublure du panier dans le panier brodé en alignant leurs angles et les bords supérieurs des côtés. Assembler les bords du panier et de sa doublure au point de feston, avec un fil à broder de couleur contrastée, en veillant à prendre les extrémités de l'anse dans la couture (voir **fig. AA**).

AA

FLEURS

1 Pour réaliser une petite fleur, couper une étamine de 3 cm de long. Si l'étamine est blanche,la colorer en vert à l'aide d'un feutre.

2 Dessiner un petit point au centre d'une fleur en feutrine à l'aide d'un marqueur de couleur contrastée. Placer la pointe d'un poinçon sur le point et percer un trou juste assez grand pour y glisser la tige de l'étamine.

3 Couper autant de fleurs et d'étamines que souhaité et répéter les étapes 1 et 2 en insérant une étamine au centre de chaque fleur au fur et à mesure (voir **fig. BB**).

BB

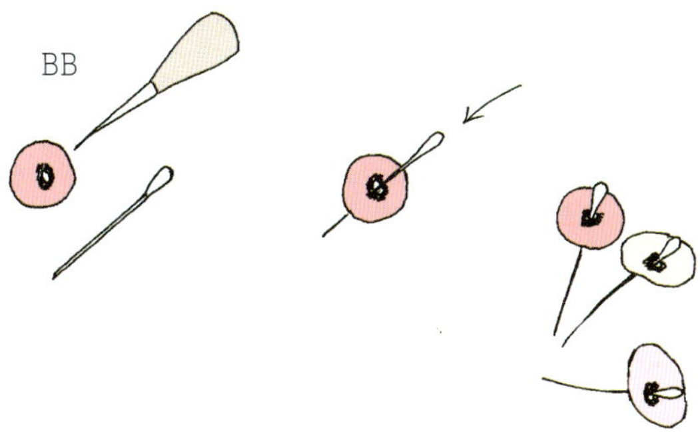

HÉRISSON

1 Avec un marqueur effaçable à l'air, reporter l'emplacement des piquants, des yeux, des sourcils et des points A et B sur les pièces du corps et de la tête du hérisson. À l'aide d'un crayon rose, colorer légèrement la base des oreilles.

2 Broder les piquants sur les pièces du corps en utilisant deux brins de fil à broder (voir **fig. CC** – ici les piquants ont été brodés avec deux brins de couleurs différentes pour plus de relief).

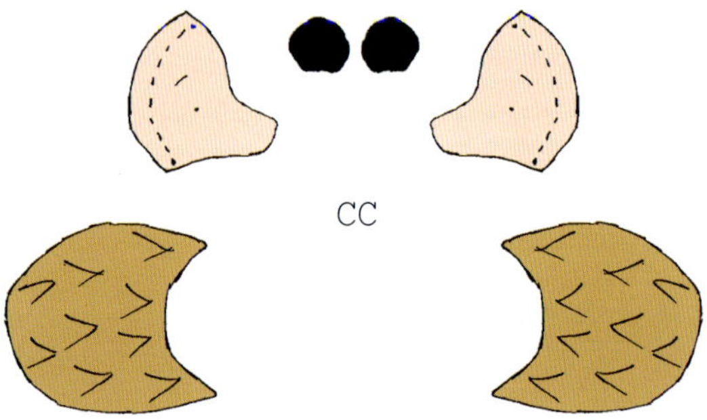
CC

3 Épingler chaque pièce du corps sur la pièce de la tête correspondante, en alignant leurs bords incurvés et en superposant leurs points A et B.

4 Assembler les pièces du corps et de la tête à points glissés. Coudre une perle de rocaille à l'emplacement des yeux. Broder un petit sourcil au-dessus des yeux et un petit cil près de leurs coins externes (voir **fig. DD**).

DD
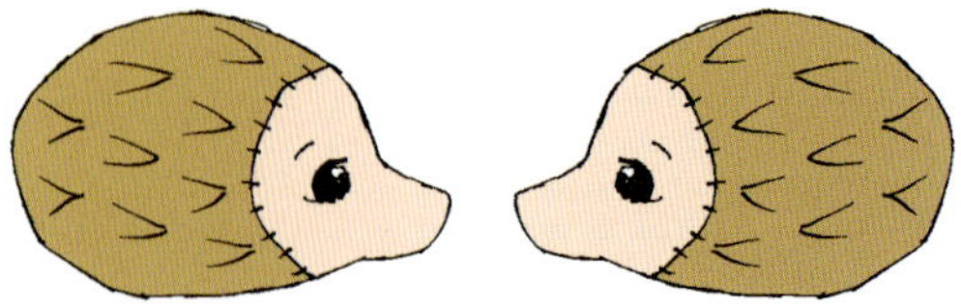

5 Épingler les côtés du hérisson l'un sur l'autre, envers contre envers. Avec du fil à broder assorti à la tête, assembler les bords de la tête au point de surjet en commençant sous le cou (voir **fig. EE**).

EE
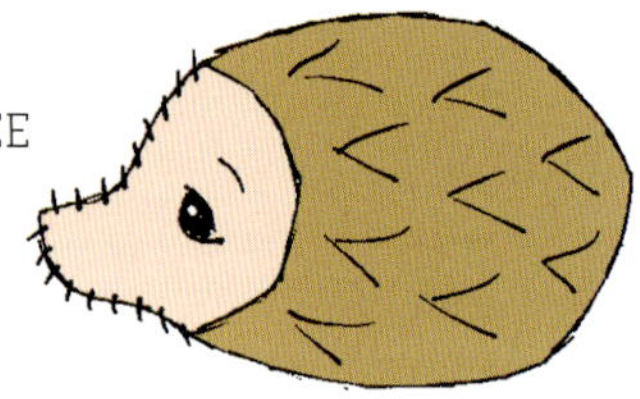

6 Avec un fil à broder assorti au corps, assembler le pourtour du corps au point de feston en allant du haut de la tête jusqu'au bas du dos.

7 Insérer un peu de ouate dans le museau à l'aide d'une pique à apéritif ou d'un bâtonnet en buis. Quand le museau est ferme, rembourrer la tête en utilisant une pique à apéritif pour pousser la ouate et obtenir une jolie forme arrondie.

8 Prendre une aiguillée de fil à broder rose. Piquer l'aiguille dans l'ouverture du corps et la faire ressortir en haut du museau, sur l'un des côtés de la tête. Broder un petit nez au point de satin (voir Guide des points), puis arrêter le fil (voir **fig. FF**).

FF

9 Rembourrer le corps, puis fermer son ouverture au point de feston.

10 Plier chaque oreille en deux et coudre sa base à l'aide de deux petits points de feston (voir **fig. GG**). Laisser les fils en attente pour fixer les oreilles sur la tête ultérieurement.

GG

11 Piquer une épingle à la base de chaque oreille, puis les épingler sur les côtés de la tête, tournées vers le museau, en veillant à les placer symétriquement (voir **fig. HH**). Une fois satisfait de leur emplacement, coudre l'avant et l'arrière de chaque oreille au point d'échelle sur la tête.

HH

12 Épingler le nœud du hérisson sous l'une de ses oreilles (voir **fig. II**). Prendre une aiguillée de fil à broder. Piquer l'aiguille entre le cou et le corps du hérisson et la faire ressortir un peu au-dessus du centre du nœud. Faire un petit point au milieu du nœud en faisant ressortir l'aiguille entre le cou et le corps, puis arrêter le fil.

13 Pour terminer, colorer légèrement les joues du hérisson à l'aide d'un crayon rose et placer l'animal dans le panier, avec quelques fleurs (voir **fig. II**).

II

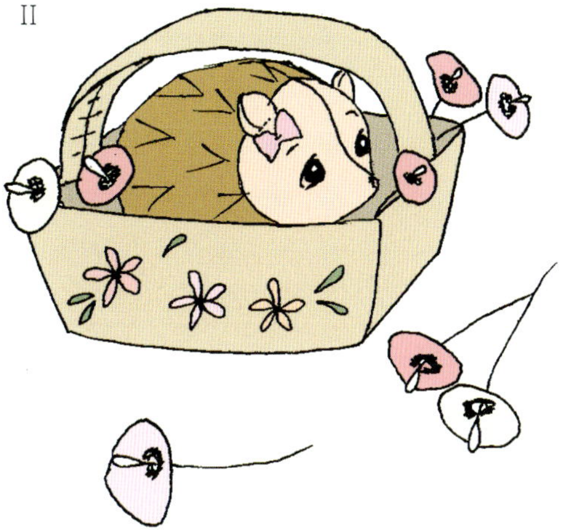

GABARITS

Promeneuse des bois

Utiliser également les gabarits de la poupée de base (voir Confectionner la poupée de base).
Les gabarits de ce livre sont tous fournis grandeur nature.

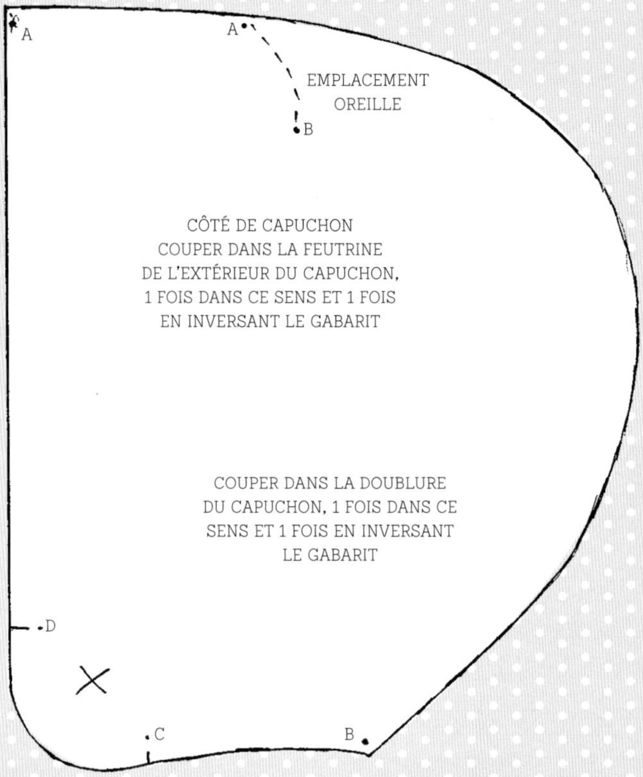

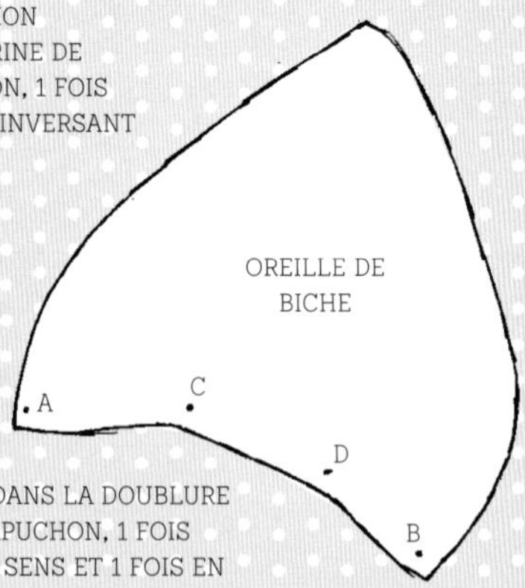

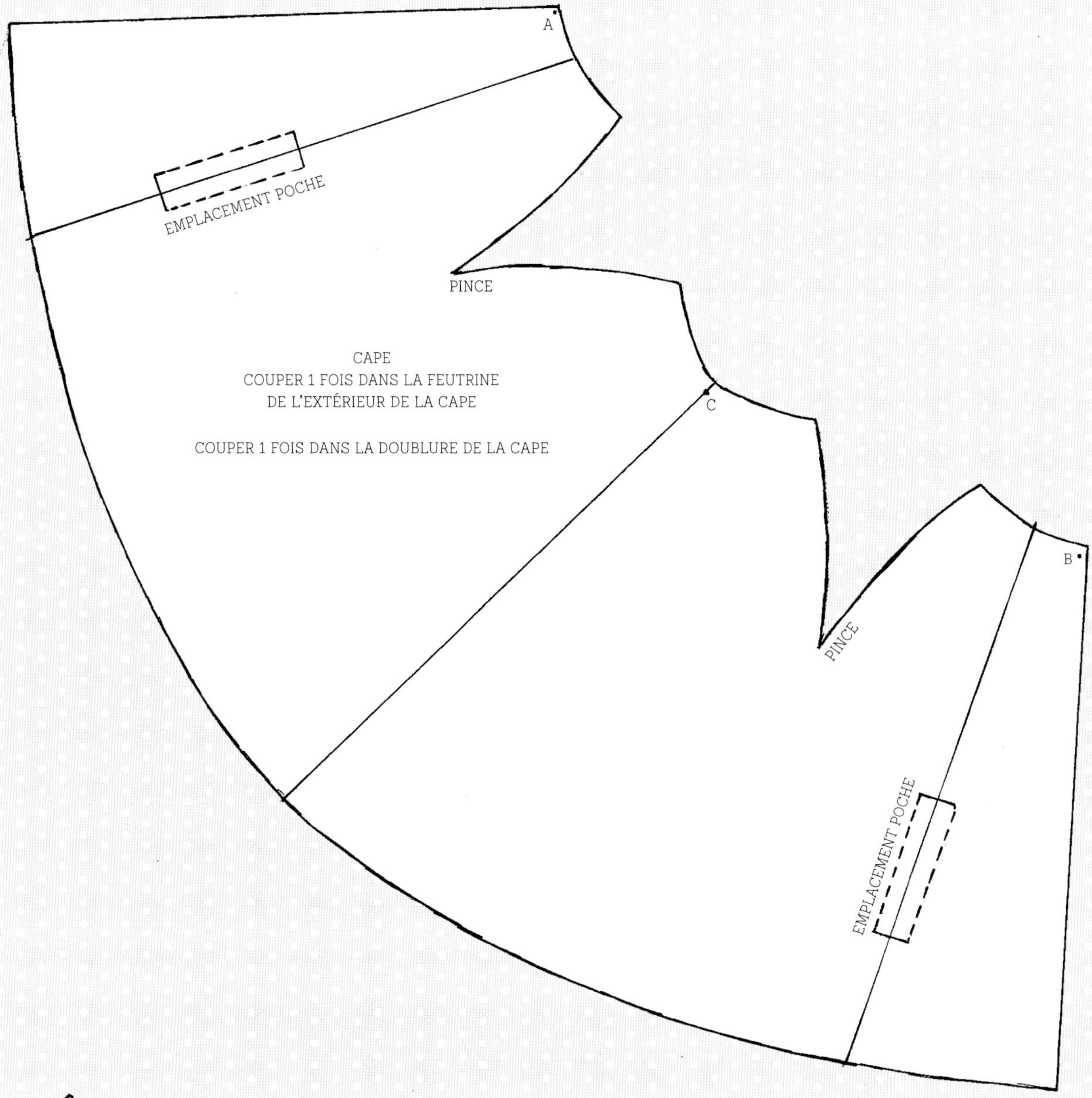

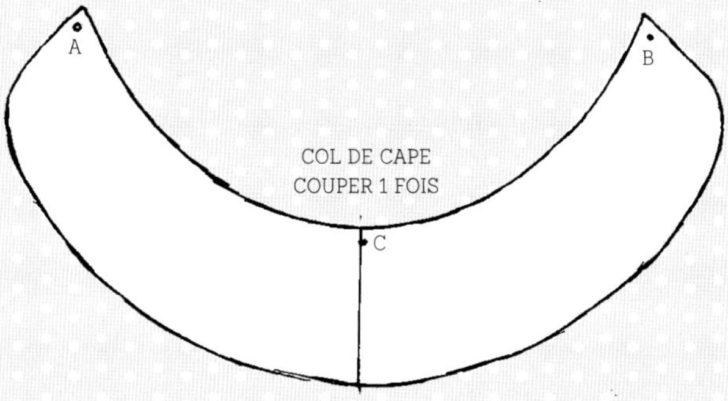

FAUSSE POCHE
COUPER 2 FOIS

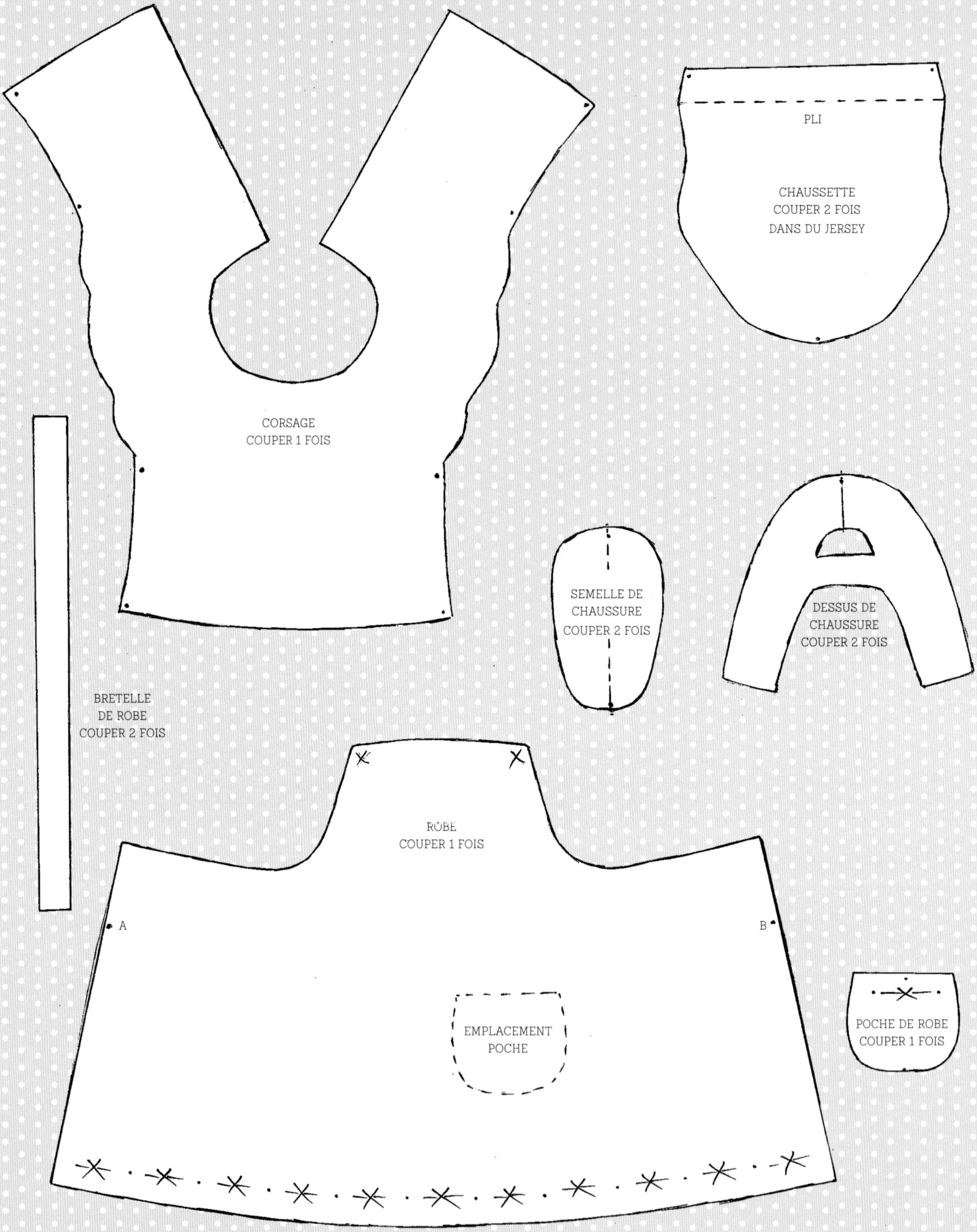
PLI
CHAUSSETTE
COUPER 2 FOIS
DANS DU JERSEY
CORSAGE
COUPER 1 FOIS
SEMELLE DE
CHAUSSURE
COUPER 2 FOIS
DESSUS DE
CHAUSSURE
COUPER 2 FOIS
BRETELLE
DE ROBE
COUPER 2 FOIS
ROBE
COUPER 1 FOIS
A
B
EMPLACEMENT
POCHE
POCHE DE ROBE
COUPER 1 FOIS

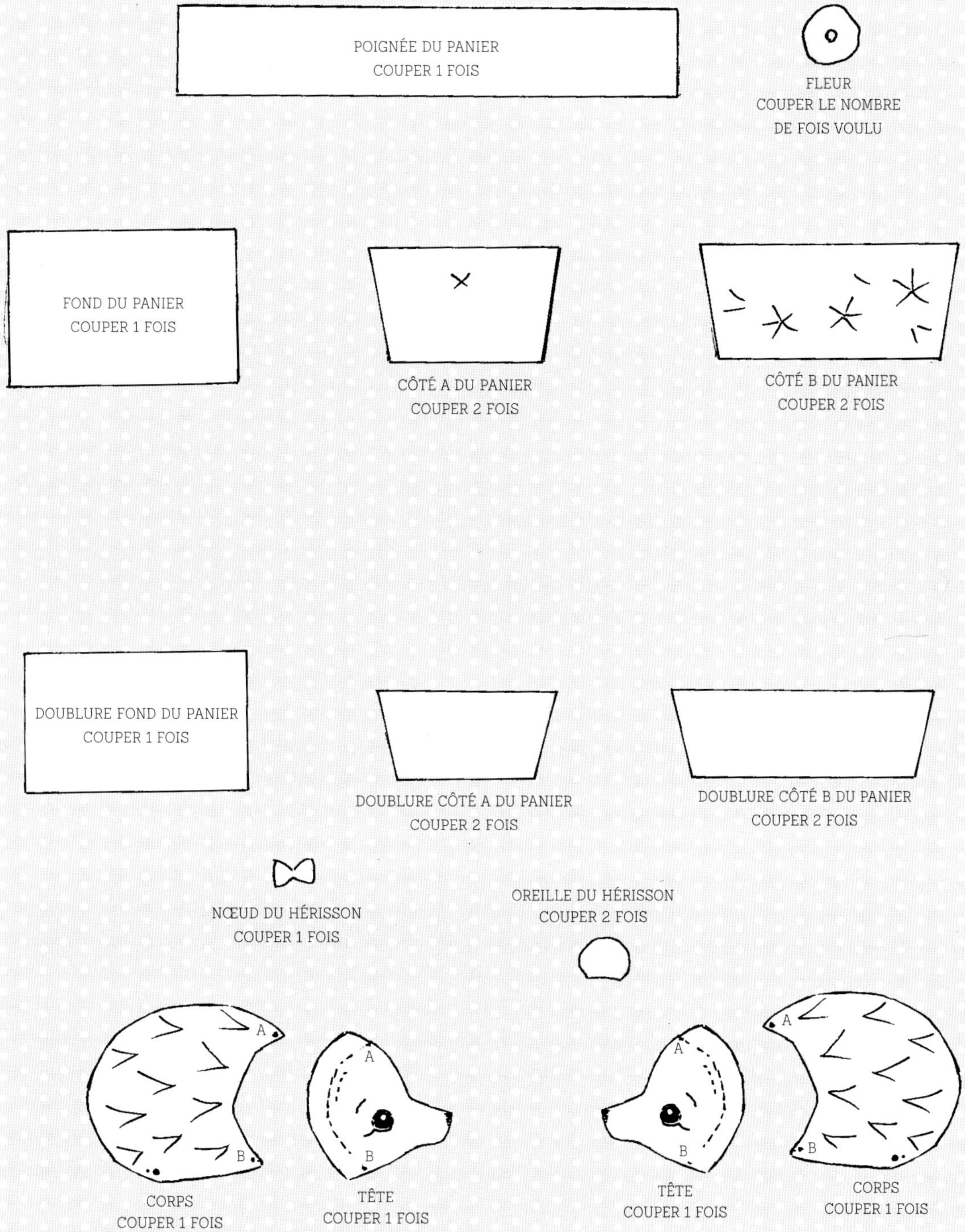
POIGNÉE DU PANIER
COUPER 1 FOIS
FLEUR
COUPER LE NOMBRE
DE FOIS VOULU
FOND DU PANIER
COUPER 1 FOIS
CÔTÉ A DU PANIER
COUPER 2 FOIS
CÔTÉ B DU PANIER
COUPER 2 FOIS
DOUBLURE FOND DU PANIER
COUPER 1 FOIS
DOUBLURE CÔTÉ A DU PANIER
COUPER 2 FOIS
DOUBLURE CÔTÉ B DU PANIER
COUPER 2 FOIS
NŒUD DU HÉRISSON
COUPER 1 FOIS
OREILLE DU HÉRISSON
COUPER 2 FOIS
A
B
CORPS
COUPER 1 FOIS
TÊTE
COUPER 1 FOIS
TÊTE
COUPER 1 FOIS
CORPS
COUPER 1 FOIS

COMMENT PERSONNALISER *une poupée*

IL EXISTE D'INNOMBRABLES FAÇONS DE PERSONNALISER UNE POUPÉE, SURTOUT SI VOUS LA DESTINEZ À UNE PERSONNE EN PARTICULIER. INSPIREZ-VOUS DES IDÉES QUI SUIVENT OU DONNEZ LIBRE COURS À VOTRE IMAGINATION ET INVENTEZ D'AUTRES MOYENS D'INDIVIDUALISER LES POUPÉES DESTINÉES À VOS AMIS ET À VOS PROCHES.

COMMENT PERSONNALISER LES CHEVEUX

Vous pouvez assortir la couleur ou la texture des cheveux de votre poupée à ceux de sa ou son destinataire, par exemple utiliser un fil bouclé pour une chevelure frisée ou une laine islandaise pour des cheveux ondulés. Vous trouverez page ci-contre les références des fils employés dans ce livre (voir Laines utilisées pour les cheveux des modèles), mais vous pouvez aussi choisir n'importe quel autre fil qui vous plaît.

Le livre présente aussi différents styles de coiffure. Une fois que la poupée est terminée et que la colle de l'arrière de sa tête est complètement sèche, vous pouvez égaliser ses cheveux à l'aide de ciseaux ou les couper plus courts, comme pour Monsieur Loyal (voir page 79). Mieux vaut couper les cheveux de la poupée avant de l'habiller pour éviter de parsemer ses vêtements de morceaux de laine.

Voici quelques exemples des différentes couleurs et textures que vous pouvez utiliser pour les cheveux de vos poupées.

Pour couper les cheveux, regrouper au sommet de la tête tous ceux qui ne sont pas collés sur celle-ci. Glisser une serviette en papier entre le dos de la poupée et les cheveux pour que les morceaux que vous allez couper ne tombent pas sur sa peau. Déterminer la longueur à laquelle vous souhaitez couper les cheveux, puis les couper soigneusement en allant du milieu du dos vers les côtés. Répartir les cheveux du dessus sur les cheveux collés et les couper à la même hauteur.

Pour créer une frange, couper les brins un par un, en commençant au centre, entre les sourcils, et en allant vers les côtés. Éviter de tirer sur les cheveux quand vous les coupez, car ils risquent de trop remonter par effet ressort quand vous les lâcherez et d'être plus courts que prévu. Pour terminer, vous pouvez coiffer vos poupées à l'aide de petites barrettes, de pinces à cheveux ou de rubans.

Suivez les instructions simples présentées ci-dessus pour couper les cheveux et la frange de vos poupées.

LAINES UTILISÉES POUR LES CHEVEUX DES MODÈLES

Danseuse étoile Lett-Lopi, de chez Istex (Straw, N° 1418)
Monsieur Loyal, Jolie baigneuse Lett-Lopi, de chez Istex (Black, N° 0059)
Grande coquette Lett-Lopi, de chez Istex (Camel, N° 1400)
Adorable écolière Grace, de chez Louisa Harding (Savon, N° 052)
Petite princesse Moonshine, de chez Juniper Moon Farm (Conch Shell, N° 003)
Fée des fleurs Ice Cream DK, de chez Juey BFL (Lavender, N° 06)
Petite sirène Brushed Suri, de chez Blue Sky Alpagas (Pink Lemonade, N° 907)
Dormeuse Aspire, de chez Wendy (Vapor, N° 3243)
Petite voyageuse Hand Dyed Gradient Yarn, de chez Freia Fibers (Pixie Ombre)
Promeneuse des bois Mohair lisse pour cheveux de poupées Waldorf (cuivré)

COMMENT PERSONNALISER LA COULEUR DE LA PEAU ET DES YEUX

En plus des cheveux, vous pouvez changer la couleur de la peau et des yeux de vos poupées. On trouve dans le commerce des feutrines de différentes couleurs de peau, dont plusieurs ont servi à réaliser les poupées présentées dans ce livre. De même, les yeux de sécurité peuvent avoir des coloris variés et sont faciles à assortir à ceux de la personne à laquelle la poupée est destinée.

Voici quelques exemples de couleurs de peau qui pourraient convenir à vos poupées, d'un ton halé à un teint de porcelaine en passant par une carnation dorée et une peau de pêche.

COMMENT PERSONNALISER LES TENUES

Beaucoup des tenues thématiques présentées dans ce livre peuvent être mélangées pour créer des ensembles totalement différents. Par exemple, vous pouvez associer la jupe de l'écolière (voir page 93) avec le haut de la petite princesse (voir page 63), de la promeneuse des bois (voir page 101) ou de la poupée en pyjama (voir page 71) pour créer une jolie tenue estivale.

De même, le grand chapeau de la baigneuse (voir page 49) irait très bien avec la robe de la petite voyageuse (voir page 87) pour faire une tenue de cocktail et le pantalon de Monsieur Loyal (voir page 79) peut être fait avec du lainage à motifs ou d'une autre couleur et associé avec n'importe quel haut pour créer une panoplie complètement différente.

Une autre idée consiste à créer une tenue de sport. En omettant la dentelle du pyjama de la poupée photographiée page 71, vous pourrez facilement créer une tenue de sport de la couleur de l'équipe de votre choix. Brodez le nom d'un joueur ou d'une équipe sur le haut pour ajouter une touche personnelle à l'ensemble.

Créez une tenue pour un amateur de sport en personnalisant le pyjama photographié page 71.

N'hésitez pas à mélanger les vêtements de différents modèles pour créer des tenues totalement différentes, comme celles présentées ci-contre.

GUIDE des points

TOUS LES MODÈLES PRÉSENTÉS DANS CE LIVRE SONT COUSUS À LA MAIN, À L'AIDE DE POINTS DE COUTURE ET DE BRODERIE SIMPLES, INDIQUÉS DANS LEURS EXPLICATIONS. SI VOUS N'AVEZ JAMAIS COUSU OU BRODÉ À LA MAIN, MIEUX VAUT VOUS ENTRAÎNER À FAIRE CHAQUE POINT SUR UNE CHUTE DE FEUTRINE. N'OUBLIEZ PAS DE FAIRE DES PETITS POINTS, NETS ET RÉGULIÈREMENT ESPACÉS POUR OBTENIR UNE JOLIE FINITION ET ÉVITER QUE LA OUATE S'ÉCHAPPE AU NIVEAU DES COUTURES. UNE FOIS CERTAINE DE VOS TALENTS DE COUTURIÈRE, VOUS POURREZ CONFECTIONNER LES POUPÉES ET LEURS TENUES.

POINT DE feston

Le point de feston est un point linéaire simple qui sert principalement à décorer les bords du tissu. Faire sortir le fil en A. Piquer l'aiguille en B et faire ressortir sa pointe en C. Faire passer le fil sous la pointe de l'aiguille, puis tirer doucement sur celle-ci jusqu'à ce que le fil forme un angle droit. Répéter en piquant en D et en faisant ressortir l'aiguille en E.

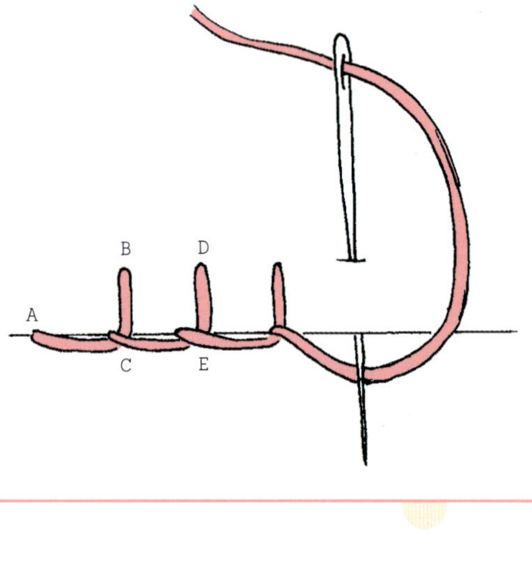

POINT DE surjet

Le point de surjet est un point de base utilisé pour assembler deux bords. Piquer l'aiguille d'arrière en avant près des bords à assembler et la faire ressortir en A, dans le bord le plus proche. Piquer l'aiguille d'arrière en avant en B, dans l'autre bord, et la faire ressortir en C, dans le bord le plus proche. Continuer de la même manière pour assembler les deux bords.

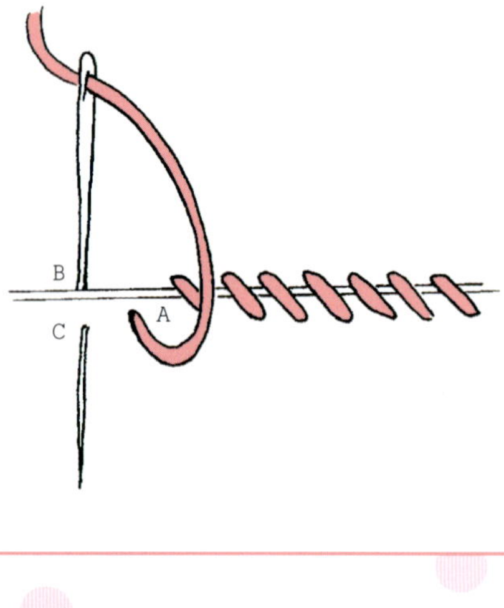

POINT d'échelle

Le point d'échelle, également appelé point caché ou point invisible, est principalement utilisé pour fermer les ouvertures ou assembler deux éléments, comme la tête et le corps d'une poupée. Il se fait en piquant alternativement dans les pièces à assembler, à l'endroit où elles se touchent, en faisant un petit point de chaque côté. Quand le fil est tendu, il crée une couture invisible. Pour coudre au point d'échelle, faire sortir l'aiguille en A, piquer en B et ressortir en C, piquer en D et ressortir en E, etc. Tous les quelques points, tirer doucement sur le fil pour faire disparaître les points. Les points doivent être petits, droits et réguliers.

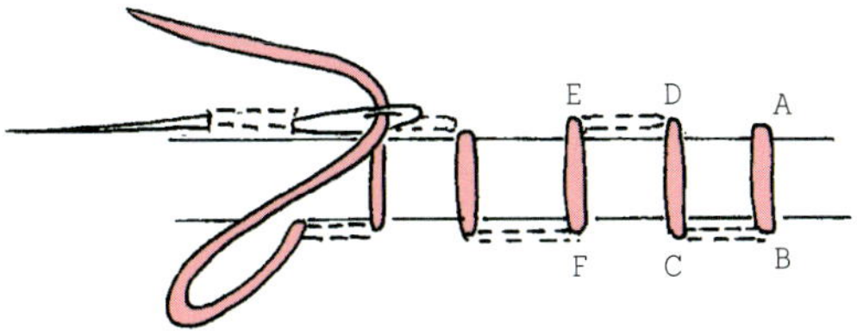

Astuce

QUAND VOUS COUSEZ UNE TÊTE AU POINT D'ÉCHELLE, NE TIREZ PAS TROP SUR LE FIL POUR NE PAS FRONCER LA COUTURE.

POINT DE tige

Le point de tige forme une ligne continue légèrement en relief, parfaite pour broder les courbes, comme celles des lèvres et du nez des poupées. Faire sortir l'aiguille en A, piquer en B, maintenir le fil vers le bas à l'aide d'un pouce, puis faire ressortir l'aiguille en C, à mi-chemin entre les points A et B. Relâcher le fil et tirer doucement sur l'aiguille pour resserrer le point. Répéter en faisant des points petits et nets.

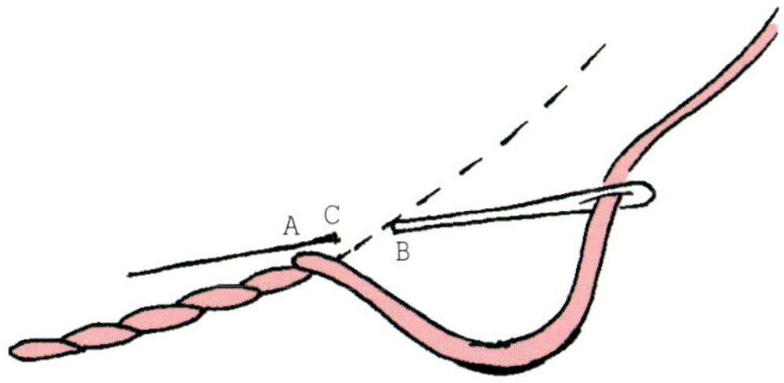

POINT *arrière*

Ce point forme une ligne en relief un peu plus fine que le point de tige, parfaite pour broder les contours et les détails. Faire sortir l'aiguille en A et piquer en B pour faire un point droit. Ressortir l'aiguille en C et repiquer en A pour faire un second point droit. Ressortir l'aiguille à une distance du point C égale à la longueur d'un point, repiquer en C, etc.

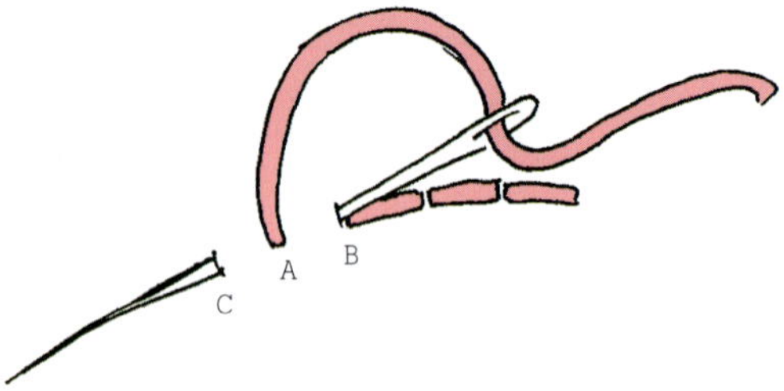

POINT *glissé*

Ce point sert généralement à coudre une petite pièce sur une pièce plus grande. Commencer par placer la petite pièce à l'endroit voulu. Piquer l'aiguille d'arrière en avant en A. Piquer en B, ressortir en C et répéter le long du bord jusqu'à ce que la petite pièce soit cousue.

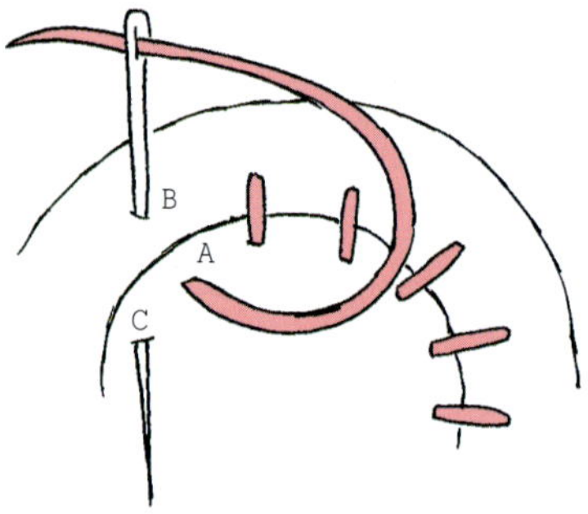

LES POINTS DROIT, DE FRONCES *et lancé*

Ces trois points se font selon la même technique de base. Le point lancé peut servir à broder les cils ou les sourcils, le point droit peut suivre un tracé droit ou incurvé et le point de fronces se fait comme le point droit, en piquant dans le tissu à intervalles réguliers, mais le fil est ensuite tiré pour froncer le tissu. Pour broder au point lancé, faire sortir l'aiguille en A sur l'endroit du travail. Piquer en B pour faire le premier point. Faire ressortir l'aiguille en C, à la base du point suivant et continuer de la même manière pour faire les points suivants.

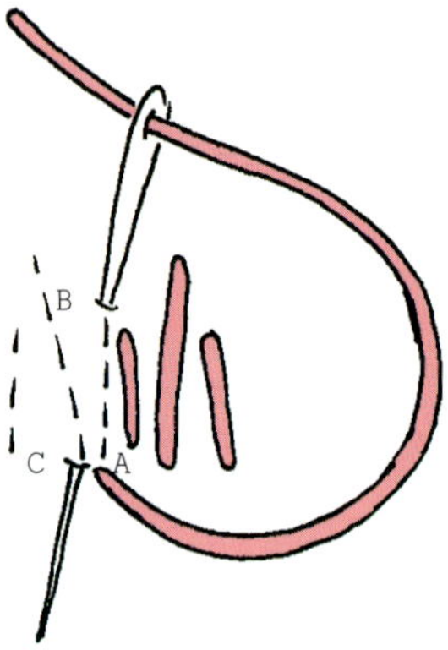

PASSÉ *plat*

Le passé plat sert principalement à couvrir des zones de tissu, un peu comme un coloriage fait à l'aide de fil. Le passé plat de base est composé de points lancés parallèles faits les uns à côté des autres et, bien que la technique soit simple, il nécessite un peu d'entraînement pour obtenir un résultat parfait. Faire sortir l'aiguille en A, piquer en B, ressortir en C et continuer de la même façon jusqu'à ce que la zone voulue soit couverte. La tension du fil doit être régulière, car c'est ce qui donne au point son aspect lisse et satiné.

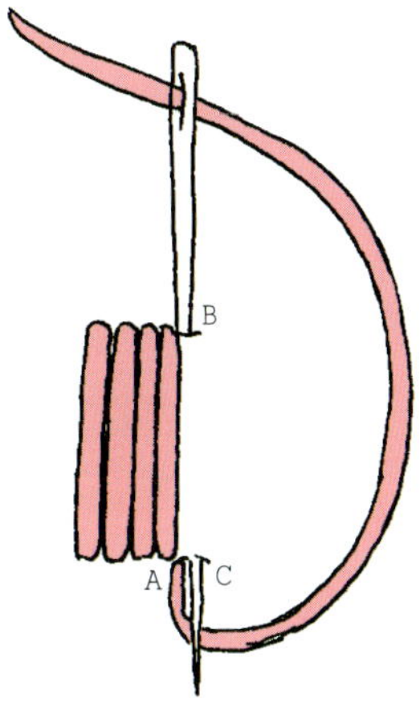

Astuce

POUR UN PASSÉ PLAT RÉUSSI, LES POINTS LANCÉS NE DOIVENT NI SE CHEVAUCHER NI LAISSER VOIR LE TISSU ENTRE EUX.

POINT DE *bouclette*

Le point de bouclette, également appelé point de chaînette isolé, est généralement brodé en cercle pour former les pétales d'une fleur, mais peut aussi être fait seul pour représenter une feuille. Faire sortir l'aiguille en A. Repiquer au même endroit pour former une boucle, faire ressortir l'aiguille en B, à l'intérieur de la boucle, puis piquer en C et faire un petit point de maintien sur la boucle. Pour broder une fleur, faire ressortir l'aiguille à la base du point de bouclette suivant et répéter l'opération jusqu'à ce que tous les pétales soient brodés.

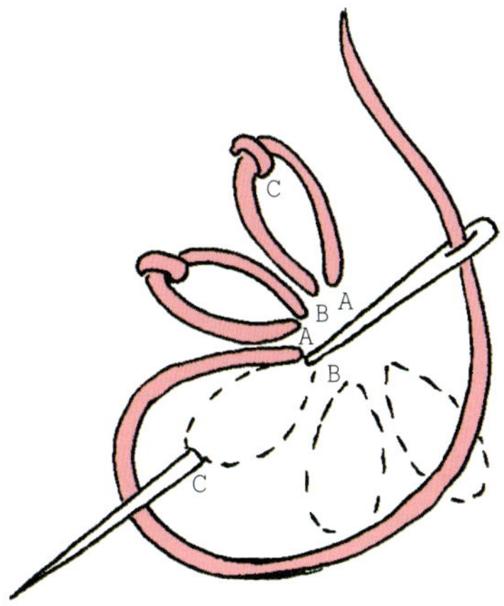

REMERCIEMENTS DE L'AUTEUR

J'adresse un grand merci à toute l'équipe de FW Media qui a contribué à la réalisation de ce livre (une merveilleuse aventure qui n'aurait pas été possible sans leur aide et leurs précieux conseils). Je souhaite plus particulièrement remercier Ame Verso, pour m'avoir proposé l'idée de ce livre, Freya Dangerfield, pour son fabuleux travail d'édition et Debbie Jackson et Jane Trollope pour leurs encouragements.

Merci aussi à toi, maman, pour toute ton aide. Tes talents de coupeuse sont extraordinaires ! Je remercie aussi mes deux critiques favoris, mes fils, Jody et Dylan. Vous m'avez beaucoup aidée en me donnant votre avis chaque fois que je vous le demandais et je vous suis très reconnaissante pour vos encouragements !

Je souhaite dédicacer ce livre à mon merveilleux époux, John, dont l'aide m'a été inestimable à tous les niveaux. Merci infiniment ! Sans toi, cet ouvrage n'aurait jamais vu le jour !

À PROPOS DE L'AUTEUR

Shelly Down vit en Colombie-Britannique, au Canada, dans la jolie ville historique de New Westminster, avec son mari, qu'elle a épousé il y a 21 ans, et leurs deux grands garçons. Elle habite un appartement ensoleillé qui surplombe la rivière Fraser et le détroit de Géorgie, duquel elle peut voir, au loin, les chaînes de montagnes de l'île de Vancouver. Son atelier se limite à un petit coin de sa salle à manger rempli de piles de feutrines, de gabarits, de vieux boutons et de toutes sortes de galons. Elle adore collectionner les vieux livres de contes de fées et de comptines et aime beaucoup le style des shōjo mangas des années 1950, 1960 et 1970.

FOURNISSEURS

LA PLUPART DES FOURNITURES NÉCESSAIRES POUR CONFECTIONNER LES MODÈLES PRÉSENTÉS DANS CE LIVRE SE TROUVENT DANS LES MERCERIES ET LES MAGASINS DE TISSUS OU DE FOURNITURES POUR LOISIRS CRÉATIFS, IN SITU OU EN LIGNE. LES ADRESSES QUI SUIVENT VOUS AIDERONT À VOUS PROCURER TOUT CE DONT VOUS AVEZ BESOIN POUR CONFECTIONNER DE SPLENDIDES POUPÉES.

GINGERMELON DOLLS
www.etsy.com/ca/shop/Gingermelon
Boutique en ligne de Shelly Down. Vous y trouverez des gabarits de poupées et des ouvrages en kit de sa création, une vaste sélection de feutrines en pure laine mérinos, en laine mélangée ou imprimées et diverses fournitures dont des yeux de sécurité, de minuscules boutons, du biais et des aiguilles à feutrer.

ETSY
www.etsy.com
Etsy est un marché en ligne où les artistes peuvent vendre leurs œuvres et un endroit merveilleux pour trouver des fournitures et des tissus.

TRISCOTE
www.triscote.fr
Ce site commercialise de la laine islandaise.

VENTE DE KITS ET/OU FOURNITURES POUR RÉALISER DES POUPÉES :

A LITTLE MERCERIE
www.alittlemercerie.com

BLUE MARGUERITE
www.bluemarguerite.com

BULLE DE GUM
www.bulledegum.com

FABRIQUE-MOI UNE POUPÉE
fabrique-moi-une-poupee.com

MAROTTE ET CIE
www.marotte-cie.com

MERCERIE DE POUPÉE
www.mercerie-de-poupee.fr

PRINCESSE MILLY
www.lespoupees.fr

VENTE DE TISSUS :

COUSETTE
www.cousette.com

LES COUPONS DE SAINT PIERRE
www.les-coupons-de-saint-pierre.fr

AVENUE DES TISSUS
www.avenuedestissus.com

MA PETITE MERCERIE
www.mapetitemercerie.com

MERCERIES EN LIGNE :

COUDRE-BRODER-TRICOTER
www.coudre-broder-tricoter.com

MERCERIE RASCOLS
www.rascol.com

MERCERIE SERVIPLUS
www.mercerieserviplus.com

LE PETIT BRIN DE FIL
www.brin.fr

INDEX

les éditions de saxe
13, rue Jules Verne
CS 40205 - 69630 Chaponost
www.edisaxe.com

Traduction : Hélène Nicolas

A DAVID & CHARLES BOOK

Première publication en 2015 sous le nom de "My Felt Doll"
David & Charles est une marque déposée de F&W Media International,
Ltd Brunel House, Forde Close, Newton Abbot, TQ12 4PU, UK

Ma poupée en feutrine
MLDI 271 - ISBN : 978-2-7565-2676-8
Impression R.P.C.
Dépôt légal : à parution

Les données de catalogage relatives à cet ouvrage sont disponibles à la British Library.

Directrice éditoriale : Ame Verso
Rédactrice en chef : Honor Head
Secrétaire de rédaction : Jane Trollope
Chargée d'édition : Freya Dangerfield
Graphiste : Prudence Rogers
Photographe : Jason Jenkins
Production : Beverley Richardson